AF188436

Wilhelm Theodor Renz

Wildbad im Königreich Württemberg,

sein Name, Ursprung und erster Eintritt in die Geschichte, drei Briefe

Wilhelm Theodor Renz

Wildbad im Königreich Württemberg,
sein Name, Ursprung und erster Eintritt in die Geschichte, drei Briefe

ISBN/EAN: 9783743639416

Hergestellt in Europa, USA, Kanada, Australien, Japan

Cover: Foto ©ninafisch / pixelio.de

Weitere Bücher finden Sie auf **www.hansebooks.com**

WILDBAD

im Königreich Württemberg.

Sein Name, Ursprung und erster Eintritt

in die

Geschichte.

Drei Briefe

von

Dr. Wilh. Theodor Renz,

Geheimem Hofrath und königl. Badearzt daselbst, Ritter des königl. preuss. Krone-Ordens III. Classe, Mitglied des württ. ärztlichen Vereins, des Vereins württ. Wundärzte und Geburtshelfer und des Vereins für vaterländische Naturkunde in Württemberg, correspondirendem Mitglied der Gesellschaft für Natur- und Heilkunde zu Dresden.

———∞○°●°○∞——— -

Stuttgart.

Verlag der J. G. Cotta'schen Buchhandlung.

1871.

Buchdruckerei der J. G. Cotta'schen Buchhandlung in Stuttgart.

Vorwort.

Schon hat der Schwarzwald das dritte Mal sein Winterkleid angelegt, seitdem ich hieher berufen bin, und nur Weniges ist es, was ich indessen der Oeffentlichkeit übergab. „Die Cur zu Wildbad." dieser Bädeker für Curgäste und „die Spreizlade, ein praktischer Verband für Schussfracturen des Oberschenkels" — ein Collegen-Gruss, in welchem ich zum ersten Male wieder so recht an meine praktisch-chirurgische Vergangenheit anknüpfen durfte — sie sind freilich ungenügende Lebenszeichen, wenn man den Posten, den ich verwalte, nach der Bedeutung bemisst, die das Wildbad als Bad der Zeit — nicht bloss in Württemberg — sondern in der Welt einnimmt. Doch zum Glück brauche ich mich nicht zu entschuldigen. Denn ich habe, wie sich's dem Manne gebührt, ernstlich

gearbeitet. Manches hievon — und es ist wahrlich
nicht das wenigst Durchdachte — entzieht sich,
weil locale Organisationsfragen betreffend, vielleicht
für immer der Veröffentlichung; Vieles, die hiesige
Wasserfrage sowohl als eigene Krankenbeobach-
tungen umfassend, eignet sich erst später hiezu; Einiges aber, was einem gründlichen literar-
historischen Studium entwuchs, dürfte soweit zur
Reife gediehen sein, dass ich anfangen darf, damit
vor dem Forum der Oeffentlichkeit zu erscheinen.
Ich habe hiezu die Briefform gewählt, noch das
beste Mittel, um ein starres Knochengerüste von
Büchergelehrsamkeit mit Stoff aus dem Leben einiger-
massen plastisch zu durchschlingen.

Die hier vorliegenden drei ersten Briefe, denen,
sofern ich neben meiner Spitalthätigkeit Zeit finde,
noch diesen Winter mehrere nachfolgen sollen, gebe
ich zu Gunsten eines Fonds in Druck, aus
welchem mittellosen deutschen Kriegern,
welche unser Wildbad fortan mit Vereins- oder
Staatsunterstützungen besuchen werden, ihre
kleinen Nebenbedürfnisse sollen gestillt
werden können. Ich weiss wohl, der Fonds
existirt noch nicht. Nun! So sei er hiemit angeregt

VII

und bei Allen denen warm befürwortet, die den Lebenswerth des nicht bloss unumgänglich Nothwendigen, wie sich selbst, so auch Andern zugestehen. Ob der Stoff, den ich gewählt, ob die Art, wie ich ihn bearbeitet habe, gebildete Leser auch in weiteren Kreisen wird befriedigen können? — Ich hoffe es. — Der Stoff an sich dürfte so viele Interessenten haben als das Wildbad Freunde unter den Gebildeten zählt. Und wie viele Tausende sind ihrer? Unter diesen gibt es zum Glück eine sehr grosse Anzahl Solcher, die, sofern es sich um Geschichte handelt, ein aus Quellen geschöpftes Wissen den nur auf Unterhaltung berechneten Producten vorziehen. Diesen ist die Arbeit gewidmet. Und kommt auch in den zwei ersten Briefen Etwas Latein vor, so erschrecken Sie nicht! Das Deutsche steht überall dabei. Ersteres habe ich desshalb belassen, weil ich Freunden des Latein meine Uebersetzung nicht aufdringen wollte. Die Citate sind — „um nicht damit zu prangen" — zusammen mit den ergänzenden Bemerkungen, von denen manche nicht eben darum das Werthloseste enthalten, als „Anmerkungen" an den Schluss der Schrift verwiesen. Das Literatur-

Verzeichniss aber sei vor Allem mit ein glänzender Beweis von der grossen Zuvorkommenheit, mit welcher mir besonders die Herrn Directoren v. Kausler und v. Stälin, sowie Herr Prof. Wintterlin in Stuttgart, Herr Oberbibliothekar v. Klüpfel in Tübingen, Herr Bibliothekdirector Doell in Karlsruhe, Herr Universitätsbibliothekar Dr. Bender in Heidelberg, sowie schliesslich die Herrn Collegen Lersch in Aachen, Moll in Tettnang und Bleuler in Neumünster bei Zürich entgegengekommen sind. Ihnen allen mein herzlichster Dank!

Wildbad, am Weihnachts-Vorabend 1870.

Renz.

Literatur.

Dieses Verzeichniss umfasst einzig d i e Literatur, auf welche in den vorliegenden drei Briefen Bezug genommen ist. Da ich darauf hielt, nur zu citiren, was i c h s e l b s t g e l e s e n hatte, so konnte ich oft nicht die ältesten, sondern eben diejenigen Ausgaben aufführen, die mir gerade zur Einsicht vorlagen. — Dem G a n z e n der Wildbad - Literatur — namentlich der älteren — werden wir später eigene Briefe widmen.

Agricola, *G.* De natura eorum, quae effluunt e terra, libri IV. Kam zuerst anno 1544, dann zusammen mit andern Schriften anno 1546 heraus. I c h citire die Wittenberger 8⁰-Ausgabe von 1612.

Agricola, *J. G.* (s. Leucippäus).

Andernacus (s. Guintherus).

Baccius, *Andr.* De Thermis. Venet. 1571. Fol. De Balneis omnia, quae extant apud Graecos, Latinos et Arabos. Venet. apud Juntas 1553. Fol. Dieses Werk wird dem Verleger nach auch als „*Juntina*" citirt.

Beroaldus, *Philippus.* Opuscula. August. 1513. 4⁰. Es gibt auch eine frühere Ausgabe ohne Jahreszahl (wahrscheinlich von 1489 oder 1490) gleichfalls in 4⁰. Sie hat die Schlussclausel impressa in aedibus Nicolai de pratis.

Burckhardt, *C.* Der Curort Wildbad im Königreich Württemberg. Stuttgart 1861. 8⁰.

a *Clivolo*, Bartol. De Balneorum naturalium Viribus libri quatuor. Lugduni. 1552. 4⁰.

Crusius, *Mart.* Annales Sueviae. Francof. 1595. Fol. Pars II et III.

Derselbe, deutsch von *J. J. Moser.* Frankfurt 1733. Fol.

Deucerus, Joann. De thermis ferinis Enzianis ducatus Wirtembergici vulgo Wildbad Tractatus utilis etc. Augsburg 1653. 12⁰. Die ältere Ausgabe ist in Strassburg 1637 herausgekommen.

Derselbe. Heilsame und nutzliche Bad-Cur dess Wildbads an der Entz etc. Augsburg 1653. 12 ^{0}. Nur di e s e deutsche Ausgabe ist von Deucer selbst besorgt, alle späteren sind Auszüge oder Umarbeitungen von fremder Hand.

Etschenreutter, Gall. Aller heilsamen Bäder und Brunnen Natur, krafft, tugendt und würckung. Strassburg 1571. 8 ^{0}.

Fautschius, Joann. Schediasma, quo duo famosissimi fontes in inferiori Hercyniae sylvae tractu scaturientes, alter thermae ferinae dictae alter aciduli Petrini brevi describuntur carmine. Freiburg im Breisgau 1618. 4 ^{0}.

Folz, Hans. Eine gute lehre von allen willtbaden. Abgedruckt in Keller's Fastnachtsspielen. Stuttgart 1853. Bd. 3. S. 1195 ff.; kam anno 1480 (wo?) und 1504 8 ^{0} in Strassburg heraus. Das unter dem Namen des „Mayster Clement von Gracz" anno 1495 4 ^{0} in Brünn herausgekommene „Püchlin von allen paden, dy von natur hayss sind" ist blosses Plagiat des vorigen.

Fricker, J. Die Heilkräfte der warmen Quellen zu Wildbad im Königreich Württemberg. 2. Aufl. Stuttgart 1840. 4 ^{0}.

Fries (auch *Phries* geschrieben) *Laur.* Ein hochnutzlicher tractat, eygenschafft vnnd würckung der wunderbaren natur aller Wildbaden etc. Strassburg 1538. 4 ^{0}. Erste Ausgabe 1519.

Gabelkofer, Oswald, würtemberg. Leibmedicus zu Zeiten Herzog Ludwigs und Friedrichs I. hat eine würtembergische Geschichte in 5 Bänden geschrieben, die als Manuscript im Staatsarchive aufbewahrt ist. Ich selbst besitze ein auszügliches Manuscript daraus, anno 1710 verfasst von Phil. Friedrich W e i s s, Bürgermeister zu Vayhingen.

Gesner, Conrad. Excerpta et observationes de thermis in dem Werke „De Balneis." Fol. 289—299.

Gesner, J. A. Historisch-physicalische Beschreibung des württembergischen Wildbades etc. Stuttgart 1745. 8 ^{0}.

Goebelius, Joh. $\Delta IA\Gamma PA\Phi H$ thermalium aquarum etc. Lips. 1576. 8 ^{0}.

Griesinger, Theod. Der Kurort Wildbad und seine Umgebungen. Stuttgart 1865. 8 ^{0}.

Guintherus, Joann. Andernacus, Commentarius de Balneis et aquis medicatis in tres Dialogos distinctus. Argent. 1565. 8 ^{0}.

Gundelfingerus Henr. Von ihm benützt C. Gesner in „De Balneis" ein libellus de thermis Badensibus aus dem Jahre 1489.

Heffner, historische Notizen über einige Bäder Würtembergs in „Würtemberg. Med. Correspondenzblatt" Bd. XXIV.

Heim, P. Wildbad dans le royaume de Würtemberg et ses eaux thermales. Stuttgart 1839. 8⁰.

Herold, Joan. De Germaniae veteris, verae, quam primam vocabant, locis antiquissimis, insignioribus quoque nonnullis Legionum Romanarum III. V. VII. VIII et XXII in ea Stationibus. Basil. 1555. 8⁰. Wird kurz „de statu legionum in vetere Germania" citirt.

v. Hochfelden, Krieg, Geschichte der Grafen von Eberstein in Schwaben. Carlsruhe 1836. 8⁰.

Hufeland, C. W. Praktische Uebersicht der vorzüglichsten Heilquellen Teutschlands. Berlin 1815, 1820 und 1831. 8⁰.

v. Jaumann, Domdekan. Colonia Sumlocenne. Stuttgart 1840.

Jung, J. F. Würtembergischer Wasser-Schatz oder: das mit Gesundbrunnen und heilsamen Bädern gesegnete Würtemberg. Reutlingen 1721 in 8⁰. Erste Auflage 1720.

Juntina. (s. „De Balneis etc.")

Kausler, Regierungsrath, Beschreibung des Oberamtes Neuenbürg und der damit vereinigten vormaligen Oberämter Herrenalb, Liebenzell und Wildbad. Tübingen 1819. 8⁰.

Kerner, J. Das Wildbad im Königreich Würtemberg. Tübingen 1813. 8⁰. Erschienen noch drei Auflagen, die letzte 1839.

Klüber, J. L. Beschreibung von Baden bei Rastatt und seiner Umgebung. Theil I und II. Tübingen 1810. 8⁰.

Küffer, J. Beschreibung des Marggrävischen warmen Bades etc. Strassburg 1625. 8⁰.

Langius, Jo. Epistolarum medicinalium miscellanea. Basileae 1554. 4⁰. ep. 82.

Layriz, J. G. De fontibus soteriis. Nürnberg 1687. 4⁰.

Leucippäus, M. Philibertus. Von Natur, Eigenschafft, Wirckung vnd Rechtem Gebrauch der warmen und wilden Bäder, insonderheit aber der vier, so in dem Schwartzwald, nicht weit von einander gelegen sind, Nemlich Marggraven Baden, Wildbad, Zellerbad, vnd Huberbad etc. gedruckt Anno Christi 1598. 4⁰. Diese im gleichen Jahre ohne Autorsangabe und anno 1603 wieder unter Leucippäus' Namen erschienene Schrift wurde anno 1619 von J. G. Agricola mit etwas verändertem Titel und um Baccius' Angaben vermehrt wieder herausgegeben.

Münsterus, Sebast. Cosmographiae universalis libri VI. Basil.

1559. Fol. Die erste Ausgabe erschien 1544. Von deutschen Folio-Ausgaben, im Texte übrigens oft anders lautend, als die lateinische, liegt mir die vom Jahre 1554 vor.

Matthias, Joh. (Hessus). Rationalis et empirica thermarum Marchionarum Badensium Descriptio etc. Ettlingae 1606. 8⁰.

Dasselbe deutsch: Natürliche wolerfahrene Beschreibung dess Marggräffischen Bades etc. Speyer 1606. 8⁰.

Neuenbürg, Beschreibung des Oberamts, herausgegeben von dem königl. statistisch-topographischen Bureau. Stuttgart 1860. 8⁰. Ich citire „Oberamt Neuenbürg." Der Abschnitt über Wildbad erschien auch als Separatabdruck anno 1861.

Paracelsus, Doctoris Aureoli Theophrasti schreiben von warmen oder Wildbädern durch Adamen von Bodenstein. Basel 1576. 8⁰.

Paulus, Finanzrath, in „Oberamt Neuenbürg."

Peez, A. H. Ueber den Werth Wiesbadens, Cannstatts und Wildbads in Bezug auf Winterkuren. Wiesbaden 1840. 8⁰.

Pfister, J. C. Geschichte von Schwaben. 4 Bde. Heilbronn 1803—17. 8⁰.

Pflüger, J. G. F. Geschichte der Stadt Pforzheim. Pforzheim 1862. 8⁰.

Renz, W. Th. Die Cur zu Wildbad. Ein Führer für Curgäste. Stuttgart 1869. 8⁰.

Rulandus, Mart. Balnearium restauratum. Basilae 1578. 8⁰. Kam zuerst unter dem Titel Hydriatice in Dillingen anno 1568 heraus.

Saltzmann, Greg. Ain new gar schön vnd nutzlichs Büchlin von allen Wildbeder Natur etc. Augsburg 1538. 4⁰. I. Aufl. 1536.

Sattler, Ch. F. Geschichte des Herzogthums Württemberg unter der Regierung der Graven. Tübingen 1757—1768. 4⁰. Ich citire „Geschichte der Graven von W."

Derselbe. Topographische Geschichte des Herzogthums Württemberg etc. Stuttgart 1784. 4⁰.

Schmid, L. Geschichte der Pfalzgrafen von Tübingen. Tübingen 1853. 8⁰.

Schottus, Petr. Lucubraciunculae ornatissimae. Argent. 1498. 4⁰.

Simon, J. F. Die Heilquellen Europa's mit vorzüglicher Berücksichtigung ihrer chemischen Zusammensetzung etc. Berlin 1839. 8⁰.

v. Stälin, Ch. F. Wirtembergische Geschichte Bd. 1—3. Stuttgart 1840—1856. 8⁰.

Derselbe in „Oberamtsbeschreibung von Calw." Stuttgart 1860. 8⁰.

Derselbe in „das Königreich Württemberg" herausgegeben von dem königl. statistisch-topographischen Bureau. Stuttgart 1863. 8⁰.

Derselbe in „Oberamtsbeschreibung von Neuenbürg."

Steinhofer, J. U., Ehre des Herzogthums Würtemberg in seinen durchl. Regenten oder neue würtemb. Chronik. 4 Thle. Stuttgart. 1744. 1745. 8⁰.

Systematische Beschreibung aller Gesundbrunnen und Bäder der bekannten Länder, vorzüglich Deutschlands, von einigen Aerzten und Chemisten. Jena 1. Aufl. 1797. 2. Aufl. 1801. 8⁰.

Walch, Hieron. jun. Würtembergisch Wunder- und Wildbaads-Beschreibung. Stuttgart. 1667. 1 Bogen in forma patenti.

Wetzler, J. Ev. Ueber Gesundbrunnen und Heilbäder. 2 Thle. Neue Aufl. Mainz 1822. 8⁰.

Widmann, Joh. dict. Mechinger, famosi artium et medicinarum doctoris, tractatus de balneis thermarum ferinarum (vulgo Vuildbaden) perutilis balneari volentibus ibidem. Tubingae 1513. 4⁰.

Derselbe: Joh. Mechinger „berümpter doctor": Ain nützlichs büchlin von dem Wildpad gelegen imm fürstenthumb Wirtenberg. Tübingen 1513. 4⁰.

Zeiller, Martin. Itinerarium Germaniae. 1653. Fol.

Zwierlein. K. A. Allgemeine Brunnenschrift, für Brunnengäste und Aerzte. Nebst kurzer Beschreibung der berühmtesten Bäder und Gesundbrunnen Deutschlands und der Schweiz. Leipzig. 1. Aufl. 1789. 2. Aufl. 1815. 8⁰.

Erster Brief.

„Nie wäre in so rauher und unbewohnbarer Gegend eine Stadt erbaut worden, wenn nicht die Heilquellen, diese göttliche Wohlthat daselbst aufgefunden worden wären." Dieser Satz, wonach die Entdeckungsgeschichte der Thermen zugleich die Urgeschichte Wildbads wäre, ist, — die behauptete Rauhheit unserer Gegend [1] in Frage gestellt! — heute gewiss noch so unbestreitbar, wie vor 326 Jahren (1544), wo der Kosmograph Münster [2] ihn zum ersten Male in lateinischer Sprache *) drucken liess.

Zu meinem Bedauern bin ich nun freilich nicht in der Lage, mit irgend verbürgten Nachrichten oder gar mit stummen Zeugen aus Wildbads grauester Vergangenheit dienen zu können, dagegen sollen Sie von mir hören, wie der die Geschichte machende Erfindungsgeist unseren Ahnen durchaus nicht abgieng und wie sie jene ersten Einsatzpunkte der historischen Kette zum Theil nicht ohne Meisterschaft herzustellen versuchten. Es geschah dies nach zwei Richtungen hin, der „etymologischen" und der „römisch-antiquarischen."

---

*) „Nunquam fuisset in ea rudi ac indomabili terra oppidum constructum nisi hoc Dei beneficium et salubres aquae ibi fuissent deprehensae." Cosmographia universalis. Ausgabe von 1559. S. 597.

Die etymologische und zugleich ältere der beiden
Richtungen, wie könnte ich sie passender einleiten, als
mit der Frage: „Wurde Wildbad immer so geschrieben
und immer ganz so benannt, wie wir dies heute ge-
wohnt sind?" — Nein! — In den frühesten Urkunden
ist mit Ausnahme einer einzigen vom 13. Juni 1376,
wo wir „Wyltbad" lesen, [3] die Anfangssylbe überall
„Wilt" geschrieben, sei es nun, dass, wie in einer
Urkunde vom 30. December 1345 (siehe hierüber den
dritten Brief) und in einer andern vom 6. März 1371, [4]
die Endsylbe „Bad," oder, wie in zwei anderen Urkunden vom 2. April 1368 [5] und vom 17. September
1370 [6] „Pad" lautete. Die nur einmal [7] schon in einer
Urkunde vom 26. Juli 1376 vorkommende Schreibweise „Wiltbaden" ist für jene frühe Zeit noch etwas
ganz Ungewöhnliches.

Im nächsten Jahrhunderte folgte die Nenn- und
Schreibweise „Wildpad" oder — mit Verschlingung des
„d" — „Wilpad." Erstere Schreibart finden wir z. B.
in einem Documente (1454), worin Graf Ludwig von
Württemberg, nachdem Wildbad eben abgebrannt war,
seinen Amtleuten zu Calw und Neuenbürg befehlen
lässt, „dass jeglicher arme Mann, [8] der anders Fürung
hät und der eins tags in das Wildpad und wieder
heimfahren mag, denen von Wildpad vier Fron-dienst
mit Fürung tun soll." [9]

Wenn Wildbads erster Monograph, Joh. Widmann, genannt Mechinger, sich letzterer Schreibweise noch anno 1513 auf dem Titelblatte seiner
deutschen Wildbadschrift bediente, so war dies entschieden eine Concession des Populär-Schriftstellers
gegenüber dem, am Alten stets etwas zäher festhalten-
den, Laienpublicum, für das seine Schrift ausdrücklich

berechnet war. [10] Im Texte selbst spricht er von „Wilpaden," eine Bezeichnung, die auf der einen Seite an „Wilpad" erinnert, wie es der Nürnberger Meistersänger Hans Folz [11] in seinem „Püchlin von allen Paten" (um 1480?) noch kennt, auf der andern Seite an die Benennungs- und Schreibweise (Wilt- Wildt- oder) „Wildbaden" anknüpft, welche in den letzten zwanzig Jahren des 15. Jahrhunderts bereits aufgekommen war und eine Zeit lang so recht zum gebildeten Style gehörte.

So datirte der Strassburger Canonicus Peter Schott [12] seinen aus Wildbad am 7. August 1481 an den berühmten Prediger Gailer von Kaisersberg gerichteten Brief (worin er letzterem für die Zusendung des Dr. Joh. Kerer, eines fidelen Hauses aus Freiburg i. B., herzlich dankt): „Ex Vuiltbaden" etc.; „Vuildbaden" schrieb (1489) der Berner Canonicus Gundelfinger [13] in seinem *libellus de thermis Badensibus*, *) da wo er unser Wildbad als Beispiel einer — je nach den Bestandtheilen des Wassers — mitunter nur kurze Zeit nothwendigen Badekur anführt; vulgo „Vuildbaden" übersetzt Widmann selbst die Bezeichnung *„Thermae ferinae,"* welche er auf dem Titelblatte seines, im gleichen Jahre mit der deutschen Ausgabe erschienenen lateinischen Tractats (desjenigen nämlich, der für das gebildete [14] Publikum berechnet war) unserem Wildbade gab; „Wildbaden" endlich benannte Laurentius Fries [15] unseren Badeort, 1519, in seinem „hochnutzlichen Tractat aller Wildbaden" und behielt diese Bezeichnung auch noch in der Ausgabe von 1538 bei. — Warum aber „Wildbaden?" Einfach deshalb,

---

*) Büchlein über die Thermen zu Baden im Argau.

weil (was sich zum Theil heute noch erhielt) überhaupt
damals mehrere Thermen-Namen auf „Baden" endigten
(so „Markgraffen-baden" oder Nieder-baden, d. i.
Baden-Baden, „Ober-baden" d. i. Baden im Argau
„Wyss-baden" = Wiesbaden u. s. f.) und so sollte
denn zum Unterschied von jenen „Baden" unseriges das
„Wild-baden" sein. [16] Die uns nur einmal und zwar
auf der noch erhaltenen steinernen Tafel, welche den
Stadtbrand von 1525 zu verewigen hat, [17] begegnende
Schreibweise „Wildenbadt" ist offenbar nur eine vom
Versmaasse geforderte und in der *Ablativ-Construction*
wiedergegebene Auflösung des Wortes „Wildbad" in
sein Bei- und Hauptwort. Die Reime lauten:

> „Alss dise Jar eben gezahlt,
> nam dass feür vberhandt mit gwalt
> In der Statt dem Wildenbadt
> darauss volget gar grosser schadt."

Der dermaligen Schreibweise „Wildbad" begegnen wir zuerst bei Salzmann [18] (1536) in seinem „new,
gar schön vnd nutzlich Büchlin von allen Wildbeder
Natur." — Von da ab finden wir sie — die lateinische
Verbarbarisirung Wildbads in „Bildebada" ausgenommen, wie sie zuerst dem Chemnitzer Mineralogen
G. Agricola [19] und nach ihm auch L. Fuchs [20]
und Göbel [21] gefiel — consequent in allen späteren
Schriften.

Doch genug hievon! — Behandeln wir endlich die
Frage: „In welcher Beziehung steht die *Etymologie* des
Wortes „Wildbad" zu den Vermuthungen über den
Ursprung unseres Badeorts?"

Die Uebersetzungen, welche die Lateinschriftsteller
von dem Worte „Wildbad" lieferten, sind die Schlüssel

hiezu. Sehen wir ab von den schwankenden Bezeichnungen „*Thermae ferales*,“ „*Baden ferinum*,“ „*Balneum
ferarum*,“ wie sie der uns schon bekannte Kanoniker
Schott in verschiedenen Briefen nach einander [22] ge-
brauchte, so haben wir als älteste typisch gewordene
Uebersetzung diejenige aufzufassen, welche unser vorhin
genannter Dr. Widmann in den bereits angeführten
Worten „*thermae ferinae*“ geliefert hat. Diese, wie die
Schott'schen Uebersetzungen, bedeuten alle so ziemlich
das Gleiche, nämlich: „Bad des Wildes.“ — Wir
können heute nicht mehr entscheiden, ob die verschiedenen Sage-Nüancen, die mit dieser Auffassung
des Wortes „Wild“ zusammenhängen, zu Schotts und
Widmanns Zeiten schon im Volksmunde Gestalt ge-
wonnen hatten; in der Literatur erscheinen sie jedenfalls ziemlich später. Immerhin aber klingt die Bezeichnung „Bad des Wildes“ naturwüchsig, ja poetisch
genug, um die Wurzel im Volke zu haben und von
Dichtern wie Dichterlingen zu Märchen ausgesponnen
zu werden.

Da dem Volke das Wildschwein so recht als Wild
im besonderen Sinne gilt, so musste es ein wilder Eber
sein, der zur Entdeckung der Quellen führte. Ein Epigramm vom Jahre 1575, das einen gewissen *Erasmus
Oenolithus* („Weinstein“) zum Verfasser [23] hat, sagt
hierüber:

> „*Hasce salutiferas, praestantia munera thermas
> Ut perhibent olim saevus aper reperit
> Hinc illis nomen Wildbad veneranda vetustas
> A porco tribuit, ceu puto, forte fero;*“

oder — da uns auch die „weinsteinsaure“ Uebersetzung
überliefert ist —:

„Allhie diss löblich Wildbad
Ein wilde Sau erfunden hat.
Daher es also wird genannt,
Vielen Landen und Leuten wohlbekannt." *)

Wessen Ohr hiedurch beleidigt wäre, der flüchte
sich zu dem Dichterworte Uhlands:

„Ein angeschossener Eber, der sich die Wunde wusch,
Verrieth voreinst den Jägern den Quell in Kluft und
Busch."

Doch! Es hilft nichts! Wir müssen den Alten
gerecht werden! Und so finden wir denn beim zweiten
Wildbad-Monographen, Leucippäus [24] (1598), bereits
Etwas von einer Variante. Nach ihm sollte das Wildbad seinen Namen von wilden Schweinen überhaupt
haben, „welche in dieser Wildniss im allerkältesten
Winter und tiefstem Schnee in grosser Anzahl sich
bei diesem warmen Brunnwasser versammelt und aufgehalten haben, bis dass Sie auf einer Jagd daselbst
ausgespüret und etliche unterschiedliche warme Quellen
an diesem Ort sind erfunden worden."

Am Schmuckreichsten und zugleich wieder an die
Eber-Sage anknüpfend hat diesen Stoff Wildbads vierter
Monograph Dr. Fautschius, Professor der Medicin und
lateinischer Stegreifdichter zu Freiburg im Breisgau,
behandelt. Es geschah dies in Hexametern, welche
wohl der Form, nicht aber dem Inhalte nach von späteren Versuchen irgend überholt worden sind.

---

*) Wörtlich: Diese heilbringenden Thermen, ein vortreff-
liches Geschenk (Gottes), hat, wie man vorgibt, einst ein wüthender
Eber aufgefunden. Seitdem hat das ehrwürdige Alterthum ihnen
den Namen „Wildbad" von dem — wie ich glaube — gleich starken
als wilden Schweine gegeben.

Die Stelle [25] lautet: *)

Extremo Hercyniae tractu qua Martia sylva [26]
Solis ad occasum vergens finitur et arcta
Vallis paulatim se extendit apertis
Imo in secessu sacras est cernere Thermas
Quas voluere olim populi appellare ferinas.
Nam quocumque oculos moveas, nihil hic nisi montes
Horrentes scopulos et saxa immania cernes.
Necdum cultus erat valli, non usus eremo,
Sub media bruma cum forte per avia lustra
Erraret venator apri vestigia sectans,
Vidit ad hanc vallem solito de more gregatim
Confugisse feras et aquas petiisse calentes
Et volucrum omne genus posuisse cubilia circum.
Nempe tepebat humus; vacuumque per aëra gratus
Halitus exibat recreans volucresque ferasque.
His super attonitus rebus venator adibat
Lustrabatque locum miramque videbat aquae vim.

*) (Ziemlich wortgetreu:) Im äussersten hercynischen Gebirgs-
zuge, da wo der Schwarzwald, gegen Osten sich wendend, sein
Ende gewinnt und ein enges Thal allmählig in offene Fluren sich
ausbreitet, sind in stiller Abgeschiedenheit heilige Thermen zu
finden, welche der Volksmund einst die Bäder der Wildniss zu
nennen beliebt hat. Denn wohin man die Augen auch wendet,
überall gewahrt man nur Berge, drohende Felsspitzen und unge-
heuere Felsen. Noch war das Thal nicht bebaut und ohne Verkehr
die Einöde, als mitten im Hochwinter ein Jägersmann, die Spur
eines Ebers eifrig verfolgend, durch die weglose Wildniss dahin
irrte. Er sah, dass das Wild — der sonstigen Gewohnheit zuwider
— in ganzen Heerden diesem Thale zu floh und warme Wasser dort
aufsuchte, sowie, dass alle Arten von Vögel sich ringsum hier ein-
genistet hatten. Denn warm war das Erdreich und durch die reine
Luft gieng ein angenehm feuchtwarmer Hauch, belebend für Vögel
und Wild. Ob diesen Dingen höchlich erstaunt trat der Jägersmann
näher, beschaute den Platz und sah des Wassers merkwürdige Kraft.

'Si rerum est, quod ab indigenis memoratur, ut esse
Suscipor haud ranum, profuso sanguine Thermas
Fertur aper, quem glande prius jaculatus acuta
Venator, signasse suo indiciumque dedisse
Tantae virtutis, quando indelibile signum
Impressit saxa maculasque cruore notatas)
Atque ubi sese immersit aquis, tepidoque laracro
Protenus intra artus imos penetrasse Levamen.
Advertens multo jam lotus alacrior ibat,
Et tacite sacri observat mysteria fontis.
Spargitur hinc primus rumor, viresque rolando
Acquirit, novitasque rei mox fertur in agros
Vicinos et ab his alias decurrit ad oras.
Et jam monticolas Vallis famosa Colonas
Moverat, exiguas congestis pinubus aedes
Et late excisis arbustis ponere villas
Donec in oppidulum crevissent moenia cincta.

(Wenn es wahr ist, was von den Eingeborenen erzählt wird, woran ich übrigens nicht zweifle, so soll der Eber, den der Jäger zuvor mit scharfer Kugel getroffen, durch sein heftiges Bluten ihn auf die Thermen geführt und als unauslöschlichen Beweis seiner grossen Stärke einen Eindruck im Felsen voll blutiger Spuren zurückgelassen haben.) Wie nun der Jäger sich selbst ins Wasser hinabtauchte, gewahrte er alsbald, dass durch dies laue Bad die unteren Glieder ihm leichter wurden. Und als er dem Wasser entstiegen, gieng er viel munterer weg, als er gekommen. Still verehrt er das Wundergeheimniss des heiligen Quelles. — Doch! Von hier aus streut der erste Lärm sich aus und gewinnt im Fluge Bedeutung. Bald wird die Neuigkeit in benachbarte Gegenden getragen und geht von dort weg von Munde zu Munde. Sofort hatte das berühmte Thal die Bergbewohner zu sich herabgelockt. Kleine Wohnstätten aus zusammengetragenen Fichten und Gebäude für ländliche Zwecke erstanden in den ringsum weitausgehauenen Baumpflanzungen, bis endlich von Mauern umfriedet ein Städtchen heranwuchs.

Wenn Fautsch den Wildbader des 17. Jahrhunderts zur Begründung seiner Tradition auf eine Art Reliquie hinweisen lässt, so ist dies seinerseits so wenig blos poetische Licenz, dass selbst im Jahre 1745 ein J. A. Gesner [27] noch schreiben konnte: „Man wollte vor einigen Jahren noch einen mit Blut marquirten Stein, an welchem sich ein verwundetes Schwein gerieben, indem es diesen warmen Quellen, um sich daselbst zu heilen, zugeeilet, durch welche Gelegenheit von denen nachfolgenden Jägern das Bad entdeckt worden, denen Fremden zeigen." Ja man hat sogar noch „im Jahre 1810 (Worte Kausler's) [28] dieser Wildschwein-Sage durch einen gegossenen eisernen Ofen, der sich im Bad befindet, [29] ein Denkmal gestiftet, auf dem ein auf drei Füssen stehendes wildes Schwein eingegraben ist, das einen hintern Fuss verwundet in die Höhe hebt und im Wasser und Morast wühlet. Eine Inschrift von lateinischen Versen vom Jahre 1529 ist auf diesem Ofen aufbewahrt. Sie heisst:

Balnea sacra [30] *vocant calidis manantia venis*
Sunt quoniam Summi munera Sancta Dei.
Utile quicquid erat, sacrum veneranda vetustas
Dicebat, thermis sed nihil utilius.

Anno a Christi nat. MDXXIX Mensis Novembris
die XXI." *)

Diese Disticha, deren Dichter der Advocat Johannes Alexander Brassicanus war, wurden — nach

---

*) Heilig nennt man die aus warmen Adern fliessenden Bäder, weil sie heilige Geschenke des Allerhöchsten sind. Das ehrwürdige Alterthum hiess Alles, was irgend nützlich war, heilig; aber nützlicher als Thermen gibt es Nichts.
Den 21. November 1529.

Leucippäus [31] — wirklich anno 1529 auf einer Gedenk-
tafel über dem damaligen Herrenbade angebracht.
Wahrscheinlich ist letztere bei dem furchtbaren
Stadtbrande von 1742 zu Grunde gegangen. Im Jahre
1720 aber bestand sie entschieden noch; denn der „ge-
krönte Poet und Vicarius zu Deinach," M. Jacob Friedrich
Jung, hat sie damals „Haussen an dem Bad-Hauss-
gesehen [32] und das Latein in den deutschen Reim gebracht: [33]

„Es ist was Heiliges verborgen in der Fluth,
Die an des Menschen Leib so grosse Wunder thut;"

unsere Wildbad-Sage selbst aber hat der Herr Dichter-
Vicar in dem curiösen Verse angestreift:

„Und hätt auch dieses Bad ein wildes Schwein gewiesen,
So wird sein Wasser doch von milder Art gepriesen!"

Der dritte und letzte *Tractatus de thermis ferinis,*
den wir besitzen, wurde (1637 und 1653) zusammen-
geschrieben von dem damaligen Herrn Specialsuperinten-
denten zu Wildbad Joh. Deucerus. Wohlmeinend
aber unoriginell in dieser lateinischen wie in der
wiederum aus anderen Quellen zusammengetragenen
deutschen Wildbadschrift, copirt er den nahezu gleich-
zeitigen Monographen Baden-Badens, Küffer, dessen
Worte einfach auf Wildbad umlegend, wie folgt: [34]

„Der Ort, da es anfangs erfunden, war gantz
Wald und Wild, wüst vngebavet vnd sehr gefähr-
lich von wegen der Menge der wilden Thier vnd Leute.
Mörder, Dieb, Räuber, daher diese Wildnussgegendt
die Mortenau am Schwartzwald im Herzogthumb Wir-
temberg vor alters genennet worden."

Hiemit, denke ich, sind die Bedeutungen von

„*ferinus, a, um*" *) nach allen Seiten hin sogar bis ins Haarsträubende erschöpft; deshalb zur andern Uebersetzung! Sie lautet (da wir die barbarische Bezeichnung „*fons waldanus*" **) von J. Herold [35] doch am Besten als nicht existirend betrachten), wie Deucer soeben mit angedeutet hat: *thermae sylvestres* d. i. „Waldbad." Wir begegnen ihr zuerst anno 1544 bei Munsterus in seiner „*Cosmographia universalis*." Dieselbe wurde aber so recht ernstlich nur (1565) von J. Guintherus Andernacus [36] in seinem *Commentarius de Balneis* ***) aufgegriffen. Er schrieb daselbst: „*Hae aquae (sylvestres) 'in Ducatu Vuirtembergensi nomen a Martiana sylva habent, unde etiam „Waldbadt" potius quam „Wildtbad" dici debent* (deutsch nach Guinther's Uebersetzer Etschenreutter (1571): [37] „Im Landt Würtemberg liegt dass warm bad, vnd empfahet den namen von dem schwartzwald, danenhar es auch billicher „Waldbad" dann „Wildbad" genennt solt sein"). Wenn Andernacus an einer früheren Stelle seiner Schrift (S. 5) geradezu behauptet, dass das Wildbad einst deutsch wirklich „Waldbad" genannt worden sei, so hat ihm dies, wie wir nach dem Vorhergehenden dreist annehmen dürfen, nur sein Auslegungseifer in die Feder dictirt; und es widerspricht uns hierin selbst Leucippäus [38] nicht, auch wenn er (33 Jahre später) schreibt „(daher sie auch *Thermae ferinae*) vnd von wegen der grossen Wildniss, darin sie entspringen, *Thermae sylvestres* oder Waldbad, genennet worden;" Leucippäus wollte, da er für's Laienpublikum schrieb,

---

*) Der, die, das Wilde.
**) Will sagen: „Waldbad."
***) Notizen über Bäder.

hier offenbar nur eine bündige Uebersetzung für die
bei den Latein-Schriftstellern zu findende Bezeichnung
„Thermae sylvestres" geben. Ueberhaupt begegnet man
der Bezeichnung *sylvestres* in der Bade-Literatur nur
noch dreimal, bei Rulandus [39] (1568) und Baccius [40]
(1571) — bei beiden übrigens durch den Zusatz *„ferinae"*
completirt — und endlich bei Layriz [41] (1687); sonst
bedienen sich sämmtliche Lateiner des 17. und 18. Jahrhunderts der ursprünglich Widmann'schen Benennung
„ferinae."

Am Richtigsten, zugleich aber auch Schmeichel-
haftesten für uns (— und damit will ich, um nicht am
Ende gar in den Ruf eines „gelehrten Hauses" zu kommen, dieser etymologischen Rundschau den Abschied
geben —), hat diese Benennungsfrage — noch vor
Andernacus — der berühmte Züricher Arzt und Natur-
forscher Conrad Gesner gelöst, der da schreibt: [42]

*Oppidum Vuildbaden longe lateque notum est; nos
quidem thermas, sponte naturae calidas aquas, omnes
germanice Vuildbaden — sylvestres balneas — vocamus,
quod fere sylvestribus et montanis locis reperiantur; istae
vero per excellentiam peculiariter sic dictae videntur.*)*

Hienach wäre also unser Wildbad „das Wildbad
par excellence." Freuen wir uns Alle, die wir heute
das Wildbad mitrepräsentiren helfen, dieser Auszeichnung aus altberühmtem Munde, verhehlen wir uns
aber nicht, dass Theophrastus Paracelsus [43] — ein

---

*) Die Stadt Wildbaden ist weit und breit bekannt. Wir
nennen zwar im Deutschen alle von Natur warmen Quellen „Wild-
bäder" d. h. Wald-bäder, weil sie fast nur in waldigen und bergigen
[wir würden heutzutage sagen: „wildromantischen" (!) Rz.] Gegenden
angetroffen werden, jene Bäder aber scheinen mit Auszeichnung ganz
besonders so genannt worden zu sein.

„verkanntes Genie," und darum allerdings oft verbissen
— schon 13 Jahre nach Conrad Gesner so ziemlich das Ge-
gentheil behauptete, wenn er Wildbad zwar über Liebenzell, dagegen hinter Margraffbaden locirt und von allen
dreien sagt, dass „ihre Art und Krafft nicht sonderlich
fürtreffend sei." Ja! Sei uns auch unser jetziger Ruf
kein Ruhepolster! Ist auch gründlich dafür gesorgt, dass
Wildbad nie mehr vergessen werden kann, so dürfen
wir doch der nicht allzufernen Zeit unverzeihlicher
Schmach [44] uns erinnern, wo es sich nicht bloss die
(im Jahre 1797 und 1801) „von Aerzten und Chemisten"
herausgegebene „Systematische Beschreibung aller Gesundbrunnen," wo es sich Zwierlein in seiner Allge-
meinen Brunnenschrift (1. Aufl. 1793, II. 1815), ja! wo
es sich der zu seiner Zeit Allem gerecht werden wollende
Hufeland sogar durch drei Auflagen (1815. 1820. 1831)
seiner „praktischen Uebersicht der vorzüglichsten Heilquellen Deutschlands" beikommen lassen durfte, das
Wildbad gar nicht einmal zu nennen, und wo ein
Simon [45] vor aller Welt noch im Jahre 1839 den un-
glaublichen Schlendrian begehen mochte, die chemische
Analyse des sog. Wildbades bei Giengen [46] — statt offenbar unseres Wildbades — in seine Tabellen einzureihen.

Zweiter Brief.

Der erste Brief mit seinem literarischen Detail ist gewiss für Manchen eine allzu lange Epistel geworden. Allein bei derlei Referaten aus der Literatur bestimmt die Grösse der letzteren die Länge der ersteren. Und was kann ich dafür, dass seither Niemand auch nur eine blasse Ahnung von der Ausdehnung der älteren Wildbad-Literatur hatte? — Nun! Getrösten Sie sich! Diesmal werden Sie kürzer davon kommen. Es gilt nämlich die zweite und jüngere Richtung, nach welcher hin der Ursprung Wildbads verfolgt wurde, „die römisch-antiquarische." — Die indirecte Veranlassung zu ihr gab ein römischer Inscriptionsstein, der (wann? ist unbekannt) [47] in Baden-Baden aufgefunden wurde und jetzt noch in der Kunsthalle zu Karlsruhe aufbewahrt ist. Seine Inschrift lautet:

*) M. AVRELIO
ANTONINO
CAES. IMP. DE
STINATO IMP.

*) Dem Cäsar und kaiserlichen Thronfolger Marcus Aurelius Antoninus, Sohn Sr. Majestät des Kaisers Lucius Septimius Severus Pertinax, die Wasserstadt *(res publica aquensis)*.

L. SEPTIMI SE
VERI. PERTIN
ACIS. AVG. FILI
O. RESP. AQV.

Diese Inschrift wurde gegen Ende des 15. Jahrhunderts durch den Bologneser Professor, Philippus Beroaldus, [48] dahin entziffert, dass der römische Kaiser Antonius die Stadt Baden gegründet habe. Ihm hat man es nachgesprochen, [49] bis Joh. Lange [50] (1554), beim Wortlaute der Inschrift bleibend, gelegentlich einmal den Kaiser Marcus Aurelius Antoninus als Gründer von Baden-Baden anführte. Genauer als er hat ein Jahr nachher der uns schon im ersten Briefe begegnete Johannes Heroldus in seiner Schrift *de statu legionum in vetere Germania (Cap. IV)* *) nicht blos Caracalla als den Gründer von Baden-Baden herausdefinirt, sondern noch obendrein ein seltenes Beispiel philologischen Ableitungstalentes gegeben. Nachdem er sich nämlich auf dem Wege des Wortspiels (Cap. V) die *„fontes Mattiaci"* [51] des *Plinius*, unter denen wir heutzutage „Wiesbaden" verstehen, in *„fontes Martiaci,"* diese in die *„aquae Martiacae"* des Marcellinus und letztere schliesslich in *„aquae Martianae"* umgewandelt hatte, dann, auf die *„sylva Martiana"* [52] übergehend, diese (wohl nach dem Vorgange von Glareamus [53]) in *„sylva Hartziana"* verdreht und hienach *„aquae Martianae"* (Cap. VI) durch „die Bad im Hartzwald" resp. „Schwartzwald" übersetzt hatte, kam er auf den tollen Einfall, die Bäder „Markgrafenbaden," „Zell" und

---

*) „Ueber die Stellung der Legionen im alten Germanien."

„Wildbad" dürften deshalb unter den „*aquae Martianae*"
verstanden werden müssen, weil, wenn „Hartzelwald"
statt „Hartzwald" geschrieben werde, man ja alle drei
Bäder darin begriffen finde. Die erste Sylbe „Hart"
nämlich *(= „Mart."* = *Martianae aquae"*) sei ein cor-
rumpirtes „Markgrafen-Baden;" die zweite „Zel" spreche
für sich selbst, und bei der dritten brauche man ja nur
an „Wildbad" die Sylbe „bad" weglassend, statt dem
l ein *A* zu setzen, das heisst „Wild" in „Wald" um-
zuwandeln. und die Sache sei fertig. Dieser seiner
Ansicht — meint Herold weiter — komme noch der
Umstand zu Hülfe, dass die Stadt CALW so nahe bei
diesen warmen Quellen gelegen sei. Es deute dies
darauf hin, dass die römischen Legionäre an der Stelle
des jetzigen Calw einen Wohnsitz aufgeschlagen und
diesen „*ad calidos fontes*" oder „*ad calidas aquas*" *)
genannt haben dürften. Unser leichtgläubiger Chroniker Crusius, [54] die Deductionen Herolds — übrigens
höchst mangelhaft — referirend, suchte Letzteres sich
und Anderen noch dadurch plausibel zu machen, dass
er, was Herold nicht wörtlich gethan, die „*Comites
Calvenses*" („Calwer Grafen;" siehe dritten Brief) aus
„*Comites calidenses*" (von J. Moser als „warme Grafen"
übersetzt) hervorgehen liess. — So wenig man es vermuthen sollte, so wurden doch gerade diese Ausflüsse
Herold'schen Aberwitzes, für welche Kerner [55] zwar
den Ausruf: „Eine glückliche Einbildungskraft!" unsere
Zeit aber wohl nur noch das Prädicat „Unsinn" hat,
nicht lange nach Crusius' Referat nützlich für Wildbad verwendet. Nachdem nämlich Küffer [65] (1625),

---

*) „(Der Wohnplatz) bei den warmen Quellen" oder „warmen
Wassern."

Badens dritter Monograph, anknüpfend an Beroald und
Herold (die er übrigens offenbar selbst nicht nachge-
lesen), bemerkt hatte, es dürfe wohl zu vermuthen sein,
dass die drei übrigen Schwestern von Baden (er zählte
nach Leucippäus' Vorgang auch das „Huberbad" [57]) zu
Wildbad und Liebenzell) nicht jünger als Baden, „sondern ebenso alte lebhafte Mütterlein seien," nahm der
uns schon bekannte Specialsuperintendent D e u c e r [58]
(1637) keinen Anstand mehr, das Herold'sche Gepräge
— wenn auch unter unrichtigem Namen — für durchaus
baare Münze zu halten und als solche an verschiedenen
Stellen seiner Schrift auszugeben. Eine der Hauptstellen
ist: „Dann es ist das älteste vnd edelste vnter allen, so
in Germanien gefunden werden, welches, wie Philippus Beroaldus schreibet, *Anno Christi 212 in Esse* und
aufnemmen kommen, zu der Zeit da Keyser Antonius
Bassianus Caracalla regiert, der es sehr hoch erhaben vnd
gerühmet." Wie Sie sehen, begegnete hier dem Herrn
Special im Eifer des Abschreibens der *Lapsus*, dass,
weil sein Original K ü f f e r [59] die Caracalla-Hypothese
für Baden-Baden fälschlich auf Philippus Beroaldus zu-
rückführte, er dieselbe für Wildbad gleichfalls diesem
statt dem Heroldus zuschrieb. Der nächste Monograph
nach D e u c e r, Dr. Hieronymus W a l c h, [60] damals (1667)
Physicus in Calw, erlaubte sich schon keine so kühne
Behauptung mehr; denn Wildbads „vieljähriges *renomée*
und Ruff" getraute dieser sich nur noch mit dem
parenthetischen Satze zu stützen: „(massen es schon
zu Antonii Caracallae Zeiten, also mehr denn vor
14 hundert Jahren neben dem Marggräflichen Zell- und
Huberbaad solle floriret haben)."

Sei es nun, dass nach weiteren 33 Jahren (1700)
der Caracalla-Glaube bedeutend zu schwanken anfieng,

2

oder dass umgekehrt diese Hypothese wieder besonders
gefiel, genug! ein damaliger württembergischer Leibmedicus, Dr. Salomon Reisel, verewigte sie als Hypothese in einem Gedenksteine, und 20 Jahre später (1720)
liess sie unser Dichter-Vicarius Jung bei einer seiner
Diversionen „auf dem zwey gespitzten Lust-Berge der
Musen" [61] in folgende Verse ausklingen:

„So hast du Caracall, das Gute auch geprüfft,
Und in Germanien ein Denkmahl dir gestifft,
Wann auff der wilden Spur, dein Aug was edles schaut
Und dein bemühter Arm das Wildbad aufferbaut."

Da wir hiemit schon das zweite Muster Jung-
scher Poesie vor uns haben, so ist es, denke ich,
höchste Zeit, dass wir dem Herrn Poeten Gelegenheit
geben, sich selbst zu entschuldigen. Er schreibt: „Zwar
sind die Verse nicht von solchem Range, dass sie, wie
des Orpheus die seine, mit ihrer Lieblichkeit Berg und
Thal bewegen, Bäume und Wasser versetzen könnten.
Historische Sachen kurtz und ohne Auss- und Um-
schweiff in Verse zu bringen, lässt sich eben nicht so
thun, wie ein anderes Gedicht zu schreiben, da man
der Feder den freyen Lauff lassen, und da und dort-
her die Blumen einer zierlichen Schreib-Art einbringen
kann. Doch, hätte ich gedenken sollen, dass ich diesen Sommer noch in kein öffentliches Amt kommen,
sondern abermahlen und also schon in die 8 Jahre als
Vicarius der Kirchen dienen solte, würde ich die Feder
bälder angesetzet, und mit mehrerem Nachsinnen geschrieben haben." — Die Anstellungen giengen, wie Sie
sehen, damals auch noch nicht all zu rasch! — Doch!
wir wären fast von unserem Reisel'schen Steine ab-
gekommen, und das geht nicht an; denn — hören

Sie nur! — er repräsentirt ein Stück Geschichte in Wildbad. — Der allgewaltige Zahn der Zeit und wohl auch der Brand von 1742 hatte seine Spuren so sehr verwischt, dass er es im Jahre 1810 wagen konnte, dem damaligen Wildbade als ein Stück — lachen Sie nicht! — „römischen Alterthums" wieder zu erscheinen. Es liegt mir hierüber ein Aktenstück vor, bestehend in einem Berichte des damaligen Amtmanns zu Wildbad an Se. Majestät den König Friederich und in einem beigegebenen Bogen, der die Inschrift in wirklicher Grösse wiedergibt. Das Schreiben (soweit es hieher gehört) lautet wörtlich:

„Auf das allergnädigste Decret vom 24. vorigen „Monats habe ich allerunterthänigst zu berichten, dass „die in dem Jahres-Bau-Ueberschlag pro Martini 1810 „bemerkte röhmisch geglaubte Innschrift bei ge-„nauerer Nachforschung und Ausgrazung des „Steines sich endlich entdeckte, dass Ao. MDCC ge-„stiftet worden sey; nach häufigen Erkundigungen er-„fuhr ich, dass ein gewisser Doctor Salomon Reisel, „welcher sich in Baaden, hier, Liebenzell und am „häufigsten in Teinach aufgehalten haben soll, dieses „Monument etablirt habe, vermuthlich desswegen, weil „das merkwürdigste der Bäder so arm an Denkmälern „der Vorzeit ist. Der Stein, welcher die auf beiliegen-„dem Bogen abgenommene Denkschrift enthält, scheint „eingeschoben zu seyn, weil er am Rande und besonders „an der untern Kante ziemlich ausgebrochen ist, welches „durch's Hineinwägen mag verursacht worden seyn; sollte „solcher auch ohngeachtet seines jugendlichen Alters von „111 Jahren (!) wieder herausgenommen werden, so „glaube ich — schwehrlich, dass solches ohne seinen „Ruin möglich sein möchte." — Die Inschrift lautete: •

DIVO M. AVREL
ANTONINO IMP.
IN HONOREM.
QVOD THERMAS FERI
NAS RESTAURARIT
POSVIT
SAL. REISEL. D.
A. CH. MDCC. *)

Schon der Umstand, dass dieser antiquarische Irr-
thum nur einen Augenblick möglich war, ist — ge-
stehen wir es uns heute noch — mehr als schmählich;
denn er deutet auf eine unverantwortliche Verwahr-
losung local-historischen Sinnes, ja! er deutet um so
mehr darauf, weil man, als im nämlichen Jahre der
Wirth zum grünen Baum sein Gebäude vergrösserte,
(das gleiche, in welchem ich diese Zeilen niederschreibe,
weil es seit 1826 als „Katharinenstift" dient) unter dem-
selben „ein altes verschüttetes Bassin entdeckte," [64]
sage: „entdeckte;" denn man wusste in der
That nicht mehr, dass auf diesem Platze einmal ein
Armenbad gestanden, ein Bassin also daselbst zu
suchen und zu finden sei. Freilich waren es damals,
wie ich am Ende des ersten Briefes zeigte, Jahre der
Schmach. Aber auch wir „Heutigen" wollen wenigstens nach dieser Richtung hin keinen Stein auf die
damaligen Wildbader werfen, eingedenk der Thatsache, dass in neuerer Zeit ebensowenig als früher

---

*) Dem göttlichen Kaiser Marcus Aurelius Antoninus zu Ehren,
weil [wohl] er die Wildbader Thermen wiederhergestellt haben wird,
setzte [diesen Stein] Doctor Jul. Reisel, im Jahre Christi 1700.

irgend ein Wildbader die Geschichte seiner Vaterstadt sich zum Studium gemacht hat. Der Erste, der eine Geschichte Wildbads zu entwerfen unternahm, war 1745 der uns schon bekannte württembergische Leibmedicus J. A. Gesner in seiner „historisch-physikalischen Beschreibung des Wildbads." Seither haben nur noch Kausler (1819) und v. Stälin (1860), beide jedoch — dem weiteren Zwecke ihrer Arbeit entsprechend — nur in skizzenhafter, wenn gleich selbständiger, Weise hierin weiter geforscht. Alle Uebrigen (ich in meiner „Cur zu Wildbad" nicht ausgenommen) haben Wildbad-Geschichte entweder gar nicht oder nur in soweit getrieben, als chronistischer Ausputz zum Ganzen gehörte.

Fragen Sie mich, wohin unser Stein gekommen sei, so bin ich leider nicht in der Lage zu dienen. Nach der Oberamtsbeschreibung von Neuenbürg [65] war er in der Vorhalle des ehemaligen Armenbades. Ideal taucht er übrigens trotz der Aufklärung, die diese Alterthumsgeschichte schon im Jahre 1811 fand, noch einmal — diesmal freilich mit dem Prädicate „sehr zweifelhaft" — in der Literatur auf. Der verstorbene Domcapitular v. Jaumann nämlich, dessen Verdienste um die Erforschung von Rottenburgs Römer-Zeit gewiss Jedermann in frischem Gedächtnisse sind, kommt in seiner „Colonia Sumlocenne" auch auf die „Quellen" des Zehentlandes und zwar u. A. mit folgenden Worten zu sprechen: [66] „Durch Denkmäler, grossartige Gebäude und Bäder ist nachgewiesen, dass den Römern Baden (Aquae, Civitas Aquensis) und Badenweiler bekannt war. Ob auch das Wildbad? Man will dort eine römische Aufschrift gefunden haben, welche jedoch sehr zweifelhaft ist. Da sich übrigens die

Römer in der Nähe, zu **Wildberg**, auf der nördlichen Seite des Schwarzwaldes, und gegen **Herrenalb** auf der südlichen aufhielten, so erscheint mir nicht unwahrscheinlich, dass diese warmen Quellen auf ihren Streifzügen, auf Jagden ihnen dürften bekannt worden sein." Es ist Schade, dass Herr v. Jaumann nicht mehr lebt. Denn der köstliche Nachweis des „jugendlichen Alters" der Aufschrift hätte — so, wie ich ihn kannte — ihm gleichfalls jeden Zweifel benommen. Ueber seine zuletzt ausgesprochene Ansicht aber mögen um so mehr einige Worte unseren zweiten Brief schliessen, als sie schon (1813) in **Kerner** [67] ihren Vertreter hatte.

So ein paar alte Römer, die sich ja notorisch in unserer Nähe angesiedelt hatten, irgend bei einem Streifzuge oder einer Jagdpartie in den Büschen unseres Enzthals herumkrauchen und bei dieser Gelegenheit unsere Thermen auffinden lassen, das geht vortrefflich, sobald man nur der Phantasie ihren Lauf lässt; denn — auch wenn's die „flotten Bursche" nicht erst sängen — „man kann Alles, was man will." Ein Anderes aber ist es, reale Spuren solcher antiker Wildbad-Expeditionen nachzuweisen, und da heisst es ganz einfach: „Ist nicht!" Zwei **Römerstrassen** [68] sind es allerdings, die auf den Höhen fortlaufend und die Thäler der grossen und kleinen Enz so wie das Eyachthal zwischen sich fassend, unserem benachbarten Pforzheim (einem bekannten Knotenpunkte von Römerstrassen) zustrebten. Die **eine** dieser Strassen (A) scheint — $1\frac{1}{2}$ Stunden südlich von Herrenalb — vom **Langmartskopfe**, wo sie von der jetzt so genannten alten Weinstrasse abzweigte, über die Orte **Dobel** und **Dennach**, in deren Nähe man Spuren von ihr hat, geführt und in eine andere Römerroute (Baden-Gernsbach-Loffenau-

Neusatz-Schwann-Arnbach-Obernhausen-Birkenfeld-Brözingen-Pforzheim) und zwar bei **Arnbach** eingemündet zu haben; die **andere** (B), die von Altensteig her

kommen soll, führte bei **Igelsloch** in den Bezirk und von da östlich an **Schömberg** vorüber durch das sog. **Eulenloch** nach **Salmbach** und weiter nach **Pforzheim**. Nirgends jedoch finden Sie auch nur die geringste Spur davon, dass die beiden Schenkel dieses grossen Strassenwinkels durch irgend welche Thäler durchschneidende Querstrasse mit einander verbunden gewesen, geschweige dass Reste von Wohnsitzen, Altären, Bädern u. s. f. aufgefunden worden wären. Kamen also je Römer an unsere Thermen, so waren es eben klassische Bummler; von Bummlern aber gibt es wohl bis in die neueste Zeit dann und wann Geschichten, nimmer aber eine Geschichte.

So oft ich mir übrigens die heutigen Wildbader betrachte, so oft muss ich sie in zwei streng gesonderte

Gruppen bringen, ohne jedoch bis jetzt darüber ins Reine gekommen zu sein, ob sie blos — mit Darwin zu reden — der verschiedene „Kampf ums Dasein" oder die verschiedene Herkunft so streng auseinander hält. Soviel ist gewiss! Die Einen, die sich am rechten Enzufer besonders um's Bad herum angesiedelt haben, sind durchaus Andere, als die, welche, bevorzugt auf der linken Enzseite wohnend, unter dem Namen der „Straubberger" im Rathe der Stadt die Oberhand haben. — Doch! Ich könnte bei aller Harmlosigkeit, nicht für den Fremden allein, zu speciell werden, und desshalb: „die Feder weg!"

Dritter Brief.

In schönen Sommertagen, wann lau die Lüfte wehn,
Die Wälder lustig grünen, die Gärten blühend stehn,
Da ritt aus Stuttgarts Thoren ein Held von stolzer Art.
Graf Eberhard der Greiner, der alte Rauschebart.

Mit wenig Edelknechten zieht er ins Land hinaus;
Er trägt nicht Helm noch Panzer, nicht gehts auf blutgen Strauss;
Ins Wildbad will er reiten, wo heiss ein Quell entspringt,
Der Sieche heilt und kräftigt, der Greise wieder jüngt.

Zu Hirsau bei dem Abte da kehrt der Ritter ein
Und trinkt bei Orgelschalle den kühlen Klosterwein;
Dann gehts durch Tannenwälder ins grüne Thal gesprengt,
Wo durch ihr Felsenbette die Enz sich rauschend drängt.

Zu Wildbad an dem Markte da steht ein stattlich Haus;
Es hängt daran zum Zeichen ein blanker Spiess heraus.
Dort steigt der Graf vom Rosse, dort hält er gute Rast;
Den Quell besucht er täglich der ritterliche Gast.

Wann er sich dann entkleidet und wenig ausgeruht
Und sein Gebet gesprochen, so steigt er in die Fluth;
Er setzt sich stets zur Stelle, wo aus dem Felsenspalt
Am heissesten und vollsten der edle Sprudel wallt.

Ein angeschossner Eber, der sich die Wunde wusch,
Verrieth voreinst den Jägern den Quell in Kluft und Busch;
Nun ists dem alten Recken ein lieber Zeitvertreib,
Zu waschen und zu strecken den narbenvollen Leib.

Da kommt einsmals gesprungen sein jüngster Edelknab:
„Herr Graf, es zieht ein Haufe das obre Thal herab,
Sie tragen schwere Kolben, der Hauptmann führt im Schild
Ein Röslein roth von Golde und einen Eber wild."

„Mein Sohn, das sind die Schlegler, die schlagen kräftig drein.
Gieb mir den Leibrock, Junge! Das ist der Eberstein.
Ich kenne wohl den Eber, er hat so grimmen Zorn;
Ich kenne wohl die Rose, sie führt so scharfen Dorn." –

Da kommt ein armer Hirte in athemlosem Lauf:
„Herr Graf, es zieht 'ne Rotte das untre Thal herauf,
Der Hauptmann führt drei Beile; sein Rüstzeug glänzt und
gleisst,
Dass mirs wie Wetterleuchten noch in den Augen beisst."

„Das ist der Wunnensteiner, der gleissend Wolf genannt.
Gieb mir den Mantel, Knabe! Der Glanz ist mir bekannt,
Er bringt mir wenig Wonne, die Beile hauen gut.
Bind mir das Schwert zur Seite! Der Wolf der lechzt nach
Blut.

„Ein Mägdlein mag man schrecken, das sich im Bade schmiegt;
Das ist ein lustig Necken, das niemand Schaden fügt;
Wird aber überfallen ein alter Kriegesheld,
Dann gilts, wenn nicht sein Leben, doch schweres Lösegeld."

Da spricht der arme Hirte: „Dess mag noch werden Rath;
Ich weiss geheime Wege, die noch kein Mensch betrat;
Kein Ross mag sie ersteigen, nur Geissen klettern dort.
Wollt ihr sogleich mir folgen, ich bring' euch sicher fort."

Sie klimmen durch das Dickicht den steilsten Berg hinan;
Mit seinem guten Schwerte haut oft der Graf sich Bahn.
Wie herb das Fliehen schmecke, noch hatt' ers nie vermerkt!
Viel lieber möcht' er fechten, das Bad hat ihn gestärkt.

In heisser Mittagsstunde bergunter und bergauf;
Schon muss der Graf sich lehnen auf seines Schwertes Knauf;
Darob erbarmts den Hirten des alten hohen Herrn,
Er nimmt ihn auf den Rücken: „Ich thus von Herzen gern."

Da denkt der alte Greiner: „Es thut doch wahrlich gut,
So sänftlich sein getragen von einem treuen Blut.
In Fährden und in Nöthen zeigt erst das Volk sich echt:
Drum soll man nie zertreten sein altes gutes Recht."

Als drauf der Graf gerettet zu Stuttgart sitzt im Saal,
Heisst er 'ne Münze prägen als ein Gedächtnissmal.
Er giebt dem treuen Hirten manch blankes Stück davon,
Auch manchem Herrn vom Schlegel verehrt er eins zum Hohn.

Dann schickt er tüchtge Maurer ins Wildbad alsofort;
Die sollen Mauern führen rings um den offnen Ort,
Damit in künftgen Sommern sich jeder greise Mann,
Von Feinden ungefährdet, im Bade jüngen kann.

So hat der grösseste der Romantiker jenen „Ueberfall im Wildbad" beschrieben, durch welchen dasselbe
ums Jahr 1367 nicht bloss so denkwürdig in die württembergische, sondern in die Geschichte überhaupt ein-
geführt zu werden pflegt. Ich brauche mich wohl nicht
zu entschuldigen, dass ich das Gedicht habe abdrucken
lassen? Wer liest nicht immer wieder gerne Etwas
von unserem Uhland, dem Unsterblichen? Freilich
dürfen wir nicht vergessen, dass hier der Dichter zu
uns gesprochen. Und müssen wir es auch dankbar an-
erkennen, dass der Bildhauer Hermann Heindel in
schmuckem Relief das Dichterwort plastich ergänzte [69]
(siehe Titelvignette), so dürfen wir uns eben doch nicht
verhehlen, dass die damalige Wirklichkeit vielfach eine
andere gewesen, als sie im Reiche der Poesie vor uns

tritt. — Von einem Marktplatze war anno 1367 an einem Orte natürlich noch keine Rede, der erst nach dem Ueberfall mit einer Mauer umgeben [70] ward und, als blosses Filial von Liebenzell, noch 9 Jahre später (1376) nicht einmal als Pfarre sondern erst als Caplanei auftritt. [71] — Der „Spiess" kann damals noch nicht existirt haben. Zwar nennt ihn die erste gedruckte Gasthausleiter, die wir aus Ahnenzeiten von Crusius, [72] der das Wildbad im Mai 1594 besuchte, besitzen (er zählt nämlich die Gasthäuser zum schwarzen Adler, grossen Christoph, Fuchs, Schwerdt, Spiess, Hirsch, Bären, zur Sonne und zur Schüssel auf); dagegen kennt ihn ein urkundliches Gasthaus-Register aus dem Jahre 1532 [73] noch gar nicht. Ich will späteren Briefen, welche „die baulichen Wandlungen Wildbads" behandeln sollen, nicht vorgreifen; hier nur so viel, dass der „Spiess" (wenigstens zur Zeit, wo wir erstmals von ihm wissen) zu den unbedeutenderen Gasthäusern zählte, das bedeutendste der „grosse Christophel" [74] war (er stand an der Stelle, wo jetzt das grosse Badgebäude steht) und dass von allen damaligen Gasthöfen blos der Bären, jetzt meist Hôtel Klumpp genannt, seinen alten ursprünglichen Platz behauptet hat; alle übrigen sind verzogen oder bestehen überhaupt nicht mehr. — Mag es auch unwesentlich sein, so sei es wenigstens bemerkt, dass die Grafen von Eberstein erst zur Zeit, als sie erloschen, d. i. im 17. Jahrhundert ausser der Rose einen Eber in ihrem Wappen führten. [57] Festgestellt aber sei, dass der Schlegler-Bund, obgleich ihn Trithemius, dem alle späteren Chroniker folgten, schon anno 1367 existiren lässt, erst 1395, zur Zeit Eberhards des Milden, sich bildete. Die saubere Gesellschaft, welche den „Ueberfall" ausführte, nannte sich bekanntlich die „Martinsvögel."[76] Ferner ist ausser dem Greiner, der damals übrigens erst in den Fünfzigen, somit noch kein „alter 'Herr" war, auch sein Sohn Ulrich und sind überdies beide mit „iren weiben, iren Kinden und Dienern in dem Wildpad"[77] gewesen. Es wird also, falls[78] es mit Frauen und Kindern zu flichen galt, der Rücken des Hirten wohl an die letzteren, nicht aber an den Greiner gekommen sein. Und was schliesslich die sog. Denkmünze anlangt, deren Existenz der Dichter dem Chroniker Crusius nacherzählt, so hat diese als solche nie existirt; denn „auf der einen Seite ein Kreuz, auf der andern eine Hand," wie dies Crusius angibt, das war das damalige Gepräge des ganz gemeinen Hellers.[79]

Ich hoffe, dass ich durch diese unpoetischen Bemerkungen kein „sinnig Gemüth" verletzt habe, denn unser Object ist Geschichte.

Was nun aber dem Dichter erlaubt sein mochte, das geht nun und nimmer beim Historiker, und wenn Sie desshalb bei Theodor Griesinger[80] lesen, „in der Mitte des 14. Jahrhunderts erscheint Wildbad bereits als ein sehr bekannter Badeort, und zu solchem Ruhme konnte es natürlich nicht über Nacht gelangen," so nehmen Sie diese Worte einfach für das was sie sind, für einen Mund voll Wind. Um die Mitte des 14. Jahrhunderts ist, soferne wir nämlich auf dem Boden der Urkunden stehen bleiben, die ganze Existenz-Geschichte eines Ortes mit dem ausschliesslichen Namen Wildbad noch so fraglich, dass wir zur Stunde mit Sicherheit nicht entscheiden können, ob das Wildbad, das im Jahre 1345 überhaupt erstmals in einer Urkunde (siehe später) vorkommt, wirklich das unsere gewesen sei oder nicht.

Obgleich Meinungsverschiedenheiten darüber nicht herrschen können, dass unser Wildbad überhaupt erst auftaucht, wo es zu Württemberg gehört, so gehen doch über seine nächste vorwürttembergische Zeit die Ansichten nach zwei Richtungen auseinander. Die Einen (J. A. Gesner, Steinhofer und insbesondere Sattler) lassen Wildbad zu der Grafschaft Calw gehören, die anderen (Kausler und v. Stälin) vermuthen, dass es mit Neuenbürg an Württemberg gekommen sei.

Die Calwer Hypothese ist für Gesner eigentlich keine; denn für ihn ist es ausgemacht, dass „Wildbad zur Grafschaft Calw vormahlen gerechnet worden.“[81] Was ihn beschäftigt, sind nur die zwei Fragen: „In welche Zeit der Regierung des Calwer Grafengeschlechtes wohl die Entdeckung von Wildbads Thermen möchte hineingefallen sein,“ und „wann das hernach gegründete Wildbad an das Haus Württemberg gekommen sei?“ Auf die erste Frage scheint ihm die Antwort plausibel: „Da diese Wildnussen — zur Zeit der Gründung (645) und nachmaligen wirklichen Erbauung (830)[82] des Klosters Hirschau — bewohnt worden, so hat dieses warme Bad und Quellen, als was besonderes, nicht unbekannt bleiben können.“ Solche Vermuthungen lassen wir auf sich beruhen; geschichtlichen Werth haben sie keinen. — Für die zweite Frage hat Gesner nur die indirecte Antwort, dass der ehemalige Calwer Grafenbesitz zu einer Hälfte anno 1303 (soll heissen 1308), zur anderen im Jahre 1345 an Württemberg gekommen sei; zu welcher der beiden Hälften aber Wildbad zuvor gehört habe, darüber äussert er sich nicht. — Mit dieser Calw-Wildbad-Geschichte hat es nun folgende Bewandtniss.

Die Calwer Grafenfamilie im engeren [83] Sinne
(denn diese interessirt uns allein) erlosch in ihrem
Mannsstamme mit dem Grafen Gottfried, der zwischen 1258 und 1263 [84] ablebte. Dieser Graf hinterliess zwei Töchter, die ältere (ihr Name ist unbekannt) erhielt Burg und Stadt Calw und deren Zuge-
hörungen. Sie heirathete zweimal. Ihr erster Gemahl
war Graf Rudolf von Tübingen-Böblingen, welcher
im Jahre 1271 oder 72 starb. Sie hatte ihm zwei
Söhne geboren. Hernach ehelichte sie den Grafen
Ulrich von Berg-Schelklingen, welcher drei Söhne
(Ulrich, Heinrich und Conrad) hinterliess. Nach dem
Ableben auch der Gräfin theilten sich die Familien
beider Ehen in das Calwer Anbringen, so dass dasselbe
in eine Berger und in eine Tübinger Hälfte zerfiel. Die
Berger Hälfte verkauften schon die drei letztgenannten
Söhne am 19. März 1308 „aus Liebe und Freundschaft"
an den Grafen Eberhard I. den Erlauchten von Würt-
temberg. [85] Die Tübinger Hälfte dagegen gelangte
noch auf Rudolfs Urenkel, den um 1346 gestorbenen
Wilhelm von Tübingen.

Die jüngere Tochter des Calwer Grafen Gottfried erhielt Zavelstein, weshalb sie sich auch „Gräfin
von Zavelstein" nannte. Dieselbe ehelichte den Grafen
Simon von Zweibrücken. Nachdem dieser vor
1281, [86] sie selbst aber auf der Burg Zavelstein am
21. Februar 1284 gestorben war, kam die Oberhoheit
über Zavelstein an die Tübinger Erben ihrer älteren
Schwester; [87] das Besitzthum aber muss durch Simons
Nachkommen an die Herren von Gültlingen veräussert
worden sein. Wenigstens lässt Gabelkofer [88] einen
Paul von Gültlingen im Jahre 1342 Burg und Stadt
Zavelstein um 1530 Pfund Heller an den Grafen Götz

von Tübingen, den älteren Bruder des obengenannten
Wilhelm, verkaufen. So fänden wir also — mit Ausnahme des durch die
Berger Linie an das Haus Württemberg übergegangenen
Antheils — das übrige ehemalige Besitzthum des letzten
Calwer Grafen um's Jahr 1342 in den Händen seiner
Urenkel, der Grafen Wilhelm und Götz von Tübingen.
Wie es nun weiter zugieng, ob Götz sein neuerwor-
benes Zavelstein zwischen 1342 und 1345 direkt an
das württembergische Grafenhaus verkaufte (bis 1344
regierte Ulrich III.; von da ab regierten dessen Söhne
Eberhard II. der Greiner und Ulrich IV. 18 Jahre ge-
meinschaftlich), oder ob er es seinem Bruder Wilhelm
abtrat, so dass dieser es anno 1345 mit dem ihm zu-
gehörigen Calwer Antheile an die Gebrüder Eberhard
und Ulrich verkaufen konnte. ist nicht zu entscheiden.
Urkunden existiren keine. Die Schriftsteller alle nehmen Letzteres ohne Weiteres an; mir dagegen scheint
Ersteres das Wahrscheinlichere. Denn es existiren zwei
andere Urkunden [89] (beide im Staatsarchive aufbewahrt)
vom 30. December 1345, deren Inhalt für die Wildbad-Geschichte überhaupt von Belang ist. Die eine ist
eine Kauffertigung des Grafen Wilhelms von Tübingen
um Burg und Stadt Calw an die Grafen von Württemberg. In dieser ist von Zavelstein keine Rede;
sondern Wilhelm sagt u. A. nur, dass er an seine
„lieben Oheime Graven Eberhart vnd Graven Ulrichen
von W. vnd allen ihren erben Kalwe Burg und
Statt, seine Vestin, mit lutten vnd mit guoten in-
wendig vnd uzwendig beidiu aigen vnd lehen mit allen
Rechten vnd mit aller zugehörde, als er und seine
vordern die vorgn. Vestin mit luten vnd mit guten
hergebracht haben, vmb Siben Tusent Pfunde

guoter Haller verkouffet" habe. Die andere Urkunde von gleichem Datum ist eine Verschreibung des
Grafen Wilhelm wegen der ihm von den beiden Wür-
temberger Grafen eingegebenen Burg Zavelstein und
angewiesenen jährlichen Rente und lautet, soweit sie
uns hier interessiren muss, folgendermassen: „Wir
Grave Wilhelme von Tüwingen verjehen das vns
die edeln Mann, Eberhart vnd Ulrich Gr. von W.
Gebrüder vnser lieb Oheime schuldig sint vnd gelten
soln fünff tusend pfunde guter haller, von des kouffes
wegen der burg vnd stat zu Calwe, mit allen
ihren zugehörden, die wir In zu kouffen haben geben,
vnd umb dieselben 5000 Pfund haller sein wir also
mit In übereinkommen, das si vns ingesetzet und in-
geben hant Zavelstein⁹⁰ Ir Burch, mit lutten vnd
mit guten vnd allen den das darzu gehört, a n e d a s
Wiltbade, das hant sie In behabet, darzu
hant si vns bewiset alliu Jahr vier hundert pfunde
guter haller etc."

Aus diesen Urkunden ergeben sich folgende Sätze:

Erstens. Da nach Urkunde I der Kaufpreis für
„Calwe Burg und Statt" 7000 Pfund Heller betrug
und in Urkunde II nur mehr von 5000 die Rede ist,
so müssen 2000 Pfund sofort bezahlt worden sein.

Zweitens. Da die Urkunde II die Burg Zavelstein als „ihre Burch," d. i. die der Württemberger
bezeichnet, so muss dieselbe entweder vor dem Kauf
von „Calwe Burg und Stadt" den Grafen von Württemberg gehört haben, oder sie war in Urkunde I stillschweigend mit in den Kauf eingeschlossen, trat aber
sofort in Urkunde II als Rückpfand auf. — Warum
ich oben für's Erstere und nicht für das bisher an
genommene Letztere stimmte, brauche ich wohl jetzt

nach der historisch treuen Darstellung, die ich über
das Zavelsteiner Besitzthum gegeben habe, nicht
weiter mehr zu erörtern; ich sage: „Lesen Sie selbst
und urtheilen Sie dann unbefangen." — Für unsere
Wildbad-Frage ist ein dritter Schluss, der aus
Urkunde II zu ziehen ist, eigentlich der vor allen
Werth habende. Er sagt uns, dass das Wildbad dieser Urkunde unbestreitbar zum Zavelsteiner Besitzthume
gehört habe.

Diese letztere Thatsache festgehalten, entsteht nun
die für uns wichtige Frage: War dieses Wildbad das
unserige? — Steinhofer [91] und Sattler [92] bejahen
diese Frage und letzterer begründet seine Ansicht
wie folgt: „Dass zu dieser (i. e. Calwer) Gravschaft
ausser der Stadt Kalw, auch Wildbad und die Burg
Zavelstein nebst andern Dörfern gehört haben, ist
ganz natürlich, in dem es sonst eine schlechte Gravschaft gewesen wäre, wann nur allein die vorbe-
nannten Städte und Burgen dazu gehört hätten, wie
denn überhaupt keine Stadt ohne die dazu gehörigen
Dörfer ist erkauft worden." Sattler, den wir als
Historiker seine Ansichten über den Ursprung Wildbads mit Recht erst da aufnehmen sehen, wo ge-
schichtlich Quellen die Schlüssel an die Hand geben,
also gerade da, wo sie J. A. Gesner eigentlich ver-
lassen hatte, verfällt, wie Sie bemerken, sofort in
denselben Fehler, den wir bei letzterem zu rügen
hatten. Der Satz, dass irgend ein Besitzthum, wenn
Dieses oder Jenes nicht dazu gehört hätte, sonst ein
schlechtes gewesen wäre, hat so wenig objectiven
Charakter und wäre ein so bedenkliches Geschichts-
axiom, dass wir ihn ohne Weiteres verdammen müssen.
Mit Recht wurde desshalb Sattlers Deduction an

dieser schwachen Seite schon von Kausler[93] ge-
fasst, zugleich aber auch von ihm die Meinung
ausgesprochen, „dass unter diesem Wildbade bei der
Burg Zavelstein nichts anderes als das gerade unter
Zavelstein gelegene Deinacher Bad und Sauerbrunnen
verstanden werden müsse, weil damals jedes Bad und
jede Heilquelle den Namen Wildbad führte."[94] Dieser
Ansicht schloss sich später Württembergs neuester und
bedeutendster Historiker v. Stälin[95] an. Wie ich
mich zu ihr stelle, sollen Sie am Schlusse dieses Briefs
erfahren. Hier mögen wir weiter fragen: „Wenn
nun dieses Wildbad nicht das unsere gewesen sein
soll, wie und wann kam unseriges zu Württemberg?"
Diese Frage wird von beiden Forschern im Sinne der
von uns so genannten
Neuenbürger Hypothese
beantwortet. Zunächst wissen Kausler und v. Stälin
natürlich ganz wohl, dass aus der hier entscheidenden
Zeit des 13. oder 14. Jahrhunderts eine Urkunde nicht
existirt, in welcher jemals irgend ein Wildbad, geschweige das unserige, neben Neuenbürg genannt oder
gar als zu diesem gehörig bezeichnet worden wäre,
und desshalb geben sie ihre Ansichten selbst blos für
Vermuthungen aus. Aber das allen Forschern gemein-
schaftliche Problem (das Wildbad so rechtzeitig an
Württemberg zu bringen, dass es im Jahre 1367 als
zu diesem gehörig erscheinen kann) vorausgesetzt, ver-
folgen beide, wenn auch stillschweigend, einen Ge-
dankengang, dem ich mich nicht anschliessen kann.
Da — so schliessen sie nämlich — das Wildbad der Urkunde II höchst wahrscheinlich nicht das Bad Wildbad,
sondern Teinach ist, eines andern Wildbades aber in keinem der Calwer Kaufverträge — weder in dem von 1308

(Berger Hälfte). noch in dem von 1345 (Tübinger
Hälfte sammt (?) Zavelsteiner Antheil) — Erwähnung
geschieht, so hat das Bad Wildbad überhaupt nie den
Calwer Grafen (Kausler [96]) oder doch wenigstens nie
zur eigentlichen Grafschaft Calw, sondern höchst
wahrscheinlich zu Neuenbürg gehört und kam mit diesem an Württemberg (v. Stälin, [97] Kausler), eine
Vermuthung, die nach Kausler ausser verschiedenen
Wahrscheinlichkeitsgründen noch das historische Fac-
tum für sich hat, dass Franz von Sickingen anno
1519, wo er vom schwäbischen Bunde Stadt und Amt
Neuenbürg als Pfand zugesprochen erhielt, ohne Weiteres auch Wildbad an sich nahm, weil, wie er sagte,
die Stadt Wildbad von Alters her zu Neuenbürg gehört habe, eine Behauptung, die der schwäbische Bund
gewiss nicht so ohne allen Beweis zugegeben haben
möchte. [98]

Sind wir in der Lage, die erste Hälfte dieses
Doppel-Schlusses zu stürzen — und, ich denke, wir
sind es — so können wir uns die Mühe ersparen, der
zweiten Hälfte, die erst eigentlich von Wildbads Zu-
sammenhang mit Neuenbürg handelt, bei den Schrift-
stellern im Einzelnen nachzugehen.

Wenn unser Wildbad in keinem der Calwer Kauf-
Verträge vorkommt, so kann es — zumal es ja mit
Neuenbürg auch nirgends genannt wird — doch immerhin zur Grafschaft Calw (incl. Zavelstein) gehört haben,
damals aber als Ort überhaupt noch so unbedeutend gewesen sein, dass seine nament-
liche Aufführung in jener Zeit gar nicht
erwartet werden kann. Diese Schlussfolgerung,
das werden Sie mir zugeben, ist jedenfalls die näher
liegende. Und da fragt es sich nun: „Gibt es denn

nicht vielleicht aus s p ä t e r e r Zeit irgend welche
Urkunde, die über unser Wildbad aussagt, wohin es
früher gehört habe?" In der That gibt es eine solche. [99]
Dieselbe ist vom Jahre 1420, also nur 53 Jahre später
als „der Ueberfall im Wildbad" und 99 Jahre früher,
als die — um es kurz abzumachen, mit Nichts be-
wiesene — Behauptung des Franz von Sickingen.
Eberhard IV. von Württemberg nämlich, der am
2. Juli 1419 starb, hinterliess zwei minderjährige Söhne.
Ihrer Mutter Henriette fiel die Vormundschaft an. Der
Herzog von Lothringen machte als Enkel Eberhards
des Greiners Ansprüche, und so musste aus Veranlassung dieser Vormundschaft auf Befehl des Königs
Sigismund ein V e r z e i c h n i s s ü b e r d i e L e h e n u n d
E i g e n g ü t e r d e s H a u s e s W ü r t t e m b e r g a n g e-
f e r t i g t w e r d e n. In diesem Verzeichnisse, das dem
Könige anno 1420 vorgelegt wurde, wird unter den
„Reichslehen" der Herrschaft Württemberg sub No. 7
die G r a f s c h a f t C a l w m i t d e r S t a d t C a l w, d e m
W i l d b a d u n d Z a v e l s t e i n aufgeführt. v. S t ä l i n [100]
ist zwar bei der Wiedergabe dieses Verzeichnisses consequent genug, hinter „Wildbad" in Parenthese die
Worte „wohl Teinach" zu setzen. Allein da in keiner
der drei Rubriken dieses Verzeichnisses („Reichslehen,"
„Lehen von Böhmen" und „Eigenbesitz") irgend wieder
von einem „Wildbad" die Rede ist, da ferner unser
Wildbad, weil vom Greiner nach dem Ueberfall nicht
blos wieder aufgebaut, sondern sogar mit einer Mauer
umgeben und deshalb bald nachher (1376) als wirklich
besuchter Badeort erscheinend, um 1420 doch gewiss
ein wenigstens nennenswerther Zähler im württembergischen Landesbesitze sein musste (nennenswerther
jedenfalls als manche Orte, wie z. B. Grötzingen,

Vogtsberg, Gundelfingen u. s. f.), so ist es geradezu
unbegründet, unter dem Wildbade obigen Verzeichnisses ein anderes als das unserige zu vermuthen,
und ich stehe somit nicht an, den früher erwähnten
Ausspruch J. A. Gesners, dass unser „Wildbad zu
Grafschaft Calw vormahlen gezählt worden," wenigstens für das Jahr 1420 als vollkommen erwiesen zu
betrachten. Da nun aber von der Calwer Grafschaft
im Jahre 1308 die Berger Hälfte — möglicherweise
zwischen 1342 und 1345 auch Zavelstein — und anno
1345 die Tübinger Hälfte an Württemberg kam, so
liegt die Frage sehr nahe: „War nicht am Ende das
„Wildbad" der Urkunde II doch das unserige?" Ich
leugne nicht, damals, als ich die vormalige Zugehörig-
keit Wildbads zur Grafschaft Calw erstmals erkannt
hatte, wollte mir als „Wildbader von heute" der Ge-
danke, unser Badeort sei im Jahre 1345 noch so
unbedeutend gewesen, dass er hinter Teinach so zu
sagen zurückstehen musste, um so weniger behagen,
als die in Anmerkung 3 genannte Urkunde schon im
Jahre 1376 von „Badgästen, die aus allen Theilen
der Welt nach Wildbad zusammenströmen", spricht.
Ich schrieb deshalb auch an den Herrn Director
v. Stälin, nachdem ich ihm die entscheidende
Bedeutung der Urkunde von 1420 entwickelt hatte,
dass ich schon das „Wiltbad" von 1345 für das
unserige halte. Er schrieb mir zurück: „Bei den Urkunden von 1345 und 1420 bin ich auf die Deutung
des Wildbad auf Teinach keineswegs entêtirt, und
sehe ein, dass sich auch Manches für Ihre Ansicht
geltend machen lässt." Heute nun aber habe ich
diesen subjectiven Standpunkt vollständig überwun-
den. Ich vermag zwar, wie früher gesagt, aus der

Urkunde II nur herauszulesen, dass das „Wiltbad" derselben zu Zavelstein gehört habe, nicht aber dass es bei Zavelstein gelegen gewesen sei, und gebe sogar zu, dass diejenigen, welche Teinach darunter verstehen, in so lange mehr Wahrscheinlichkeit für sich haben, bis durch irgend eine andere Urkunde unzweideutig nachgewiesen wird, dass gerade unser Wildbad im Zavelsteiner Antheil der Calwer Grafschaft mit inbegriffen gewesen sei; (möglich, dass die Geschichte der Grafen von Zweibrüken oder aber eine bessere Aufhellung der immerhin etwas verdächtigen und nur von Gabelkofer erwähnten Geschichte von Zavelsteins Ankauf durch den um jene Zeit von seinen Schulden bereits schwer gedrückten Götz von Tübingen auch hier mehr Licht zu schaffen vermöchten) aber bestimmt behaupten, dass Teinach unter jenem Wiltbad gemeint gewesen sei, wie dies Kausler und v. Stälin in ihren Schriften gethan, lässt sich's entschieden nicht. Was liegt aber auch daran, wenn unser Wildbad anno 1345 noch nicht einmal werth war, besonders genannt zu werden, ja! wenn wir uns sogar vorstellen müssen, dass es ohne den „Ueberfall" vielleicht noch lange nicht weder als Ort noch als Bad zur Bedeutung gekommen wäre? — Nichts! Gar nichts! — So mancher Ort, der zu jener Zeit bedeutend oder doch nennenswerth war, ist heute nicht einmal mehr dem Namen nach bekannt. Unser heutiges Wildbad aber, weit entfernt den Nachweis seiner Grösse erst bei seinen Ahnen holen zu müssen, hat — Dank den nunmehr dreissigjährigen Vollanstrengungen des Staates sowohl als einiger Firmen, [101] — im Laufe der letzten Zeit denjenigen Welt-Ruf erlangt, der seinen Thermen gebührt. Ihn zu erhalten ist unser Aller ehrlich

Bestreben, und mit besonderer Freude begrüssen wir es desshalb auch, dass gerade jetzt, wo ein brüderlich hülfreich Band um unser grosses deutsches Vaterland sich schlingt,

Württembergs edelste Perle, das Wildbad, glänzend mit eingefügt werden konnte.

¹ Die erstmals von *Münster* behauptete Rauhheit unserer Gegend wurde (1568) von *Guintherus Andernacus* (l. c. S. 84) und (1571) von dessen Uebersetzer *Etschenreutter* (l. c. S. 15) besonders dahin commentirt, dass auf den das Enzthal einschliessenden hohen Bergen der Winterschnee lange verharre. *Deucer* (1653), Etschenreutter wörtlich abschreibend, Oickte zwar (l. c. S. 114) die mildernden Worte: »manches Jahr« hinein; aber bei den Grauen erregenden Definitionen des Wörtchens »Wild« in »Wildbad,« die er gab, half eine solche Milderung nicht viel, und so kam es denn auch, dass durch die vielen auszüglichen Auflagen seiner Schrift (bis 1720) ein gründliches Vorurtheil gegen unser Klima verbreitet wurde. *J. A. Gesner* (1745) kämpfte zwar (l. c. S. 14 f.) mit Energie gegen diese, zum Unglück auch noch etymologisch gestützten, Irrthümer; jedoch vergeblich! — Ja! Heute noch empfinden wir gewissermasen die Nachwirkungen jenes Jahrhunderte langen Vorurtheils. Ende der dreissiger Jahre dieses Jahrhunderts war es nämlich *Heim*, der (l. c. S. 531 ff.) eine »Saison d'hiver« warm in Anregung brachte. Ihm folgten *Fricker* (l. c. S. 310) und noch mehr *Pees* (l. c. S. 71); später hat es mein Vorgänger *v. Burckhardt* (l. c. S. 46) mit anerkennenswerther Energie sogar dahin gebracht, dass passende Heizeinrichtungen im Katharinenstifte, im grossen Badgebäude selbst und im Badhôtel zu diesem Behufe getroffen wurden. Trotzdem gibt es wohl alle Winter eine Anzahl von Badgästen; aber sie ist so gering, dass von einer eigentlichen Wintersaison entfernt nicht gesprochen werden kann. Es ist diess eine nun gewiss nicht mehr im Bade selbst und seinen Einrichtungen zu suchende Anomalie; denn *dass auch im Winter treffliche Erfolge dahier erzielt werden, beweist aufs Neue meine gegenwärtig von Deutschlands Kriegern auch während der Wintermonate ununterbrochen besuchte Badstation im Katharinenstifte.* Nun! So muss es an etwas Anderem liegen? — Gewiss! — Es sei ausgesprochen: »Die heutige Zeit, leichter noch als vor dreissig Jahren alte Vorurtheile abwerfend, wäre nur dann mit Aussicht auf Erfolg auch in Wildbad für eine Wintersaison zu gewinnen, wenn man, ihren gerechten Ansprüchen entgegenkommend, nicht bloss *Bad-*, sondern auch *Cur-*Einrichtungen treffen könnte.« Wir sind freilich hierin verwöhnt: denn die Natur hat es uns für den Sommer — ich möchte sagen — fast zu leicht gemacht, um den Kranken einen wahrhaft genussreichen Aufenthalt bieten zu können. Aber der lange Winter, der unser Thal seiner Naturgenüsse beraubt, er ist hier — ich spreche aus eigener Erfahrung — allzu eintönig. Da abzuhelfen, müsste ein Beispiel an Bädern genommen werden, die — auch ohne Spielbanken — den Fremden im Winter zu fesseln wissen.

Was richtige Erfassung von Zeitforderungen, was Energie, mit Umsicht gepaart, zu leisten vermögen, haben der Staat und einzelne Firmen in verhältnissmässig kurzer Zeit glänzend gezeigt. Wer, der das Wildbad in den dreissiger Jahren dieses Jahrhunderts kannte, muss nicht geradezu erstaunt vor dem Wildbad von 1871 stehen? Hoffen wir, dass die kommenden Friedensjahre bei uns dazu berufen sind, auch das Winterleben des Badeorts, — und wäre es erst im Laufe von Jahrzehnten — ebenbürtig umzugestalten.

² Ausgabe von 1559. S. 597.

³ Staatsarchiv. — Ist ein gemeinschaftliches Schreiben des Abtes *Gotfried* von Hirsau, des Pfarrers zu Liebenzell *Syfried von Yemingen* und des Hirsauer Pfarrers *Wykhard* an den Bischof *Adolffus* von Speyer, worin sie für die Caplaney Wildbad um die Erlaubniss, Kinder taufen, Begräbnisse vornehmen, Legaten, Almosen und Zehenten annehmen zu dürfen, einkommen. Als Grund werden u. A. angegeben: »de diversis mundi partibus gentes ad termas, quas vulgaris locucio vocat daz wyltbad, confluentes pro sanitate corporum humanorum et pro infirmitatibus vitandis ac sanitatibus recuperandis« d. i »Gäste, welche aus verschiedenen Welttheilen bei den Thermen, welche die gemeine Redeweise »dazWyltbad« nennt, zu des menschlichen Leibs Gesundheit — theils um Schwächen vorzubeugen, theils um die verlorene Gesundheit wieder zu erlangen — zusammenströmen.«

⁴ *Sattler*, Geschichte der Graven von W. Erste Fortsetzung. Beil. Nr. 142, S. 173.

⁵ *Sattler*, ebend. Beil. Nr. 138, S 162

⁶ *Sattler*, ebend Beil. Nr. 140, S. 166.

⁷ Staatsarchiv. Ist die Antwort des Bischofs Adolph zu Speier auf das in Anmerkung 3 erwähnte Schreiben. Die Bitte wird gewährt und hiebey des damaligen »Cappellanus in *Wiltbaden*.« Bertholdus Richter de hechingen erwähnt.

⁸ So hiess damals der gewöhnliche Unterthan.

⁹ *J. A. Gesner*, l. c. S. 11.

¹⁰ Auf der ersten Seite.

¹¹ *Kellners* Fastnach'sspiele. Bd. III., S. 1260.

¹² l. c. Fol. XII.

¹³ »De Balneis.« Fol. 297. Fac. 2.

¹⁴ Lateinische und deutsche Ausgabe. S. 1.

¹⁵ Ausgaben von 1538. Bl. 9.

¹⁶ Eine *ähnliche* Erklärung finde ich auch für Baden-Baden bei *Küffer* (l. c. S. 64); er sagt: »Gleichwie man fast all orth Teutschen Landes, welche durch die güte Gottes mit dem allerköstlichsten gewürtze des Saltzes gesegnet, gemeiniglich *Hall* von dem Griechischen wort ἅλς, das ist Saltz, zu nennen pflegt, als da seind, *Hall in Schwaben*, *Hall in Sachsen* vnd dergl ; also ist nicht weniger vblich, das diejenigen ort, so von warmen Bädern herümbt, Baden, doch der gestalt genennet werden, das je eines von dem andern mit zusatz der *Herrschaft*, darunter ein jedes

gelegen, vnderschieden werde. Solcher gestalt nennet man *Oesterreichisch Baden, Schweilzer Baden, Markgrafen Baden* etc.« Ich bemerke hiezu nur, dass einerseits *Küffers* so eben gegebene Bezeichnungen von »Baden bei Wien« und »Baden-Baden,« wie wir sie jetzt nennen, erst im 16. und 17. Jahrhundert aufkamen, früher kannte man »Ober- und Nieder-Baden;« dann aber hiess Wiesbaden schon zu seiner Zeit »Wyssbaden.«

17 *Rens*, l. c. S. 60.

18 Ausgabe von 1538. Bl 9.

19 »De Balneis.« Fol. 288. Fac. 2.

20 Es geschah dies erst in den spätern Ausgaben seiner Institutiones medicinae: so z. B in der letzten von ihm besorgten Ausgabe von (Basel) 1565 S. 473.

21 l. c. S. 76.

22 l c. S. 52, b; 84, b; 85, h etc.

23 *Kausler*, l. c. S. 20 ff. *Kausler* glaubt, dass *Oenolith* Badearzt zu Wildbad gewesen sei. Allein bis zu Anfang dieses Jahrhunderts gab es überhaupt keine Aerzte und erst von 1814 an einen Badearzt zu Wildbad. Von 1559 an, wo (»das Königreich Württemberg« S. 49) erstmals vier Landesphysici creirt wurden, hatte (nach *Walch*, l. c.) der jeweilige Landesphysicus von Calw (später traten die Calwer Oberamtsphysici in ihre Reihe) wöchentlich einmal, als Badinspector von *Teinach* und *Wildbad*, diese Badeorte zu besuchen und berieth hiebei die Badgäste. Um jene Zeit dürfte, wenn mich meine Conjecturen aus *J. A. Gesner* (l. c. S. 73), *Heffner* (l. c. S. 246) und *Walch* nicht täuschen, *Oswald Gabelkover* Landesphysicus zu Calw gewesen sein. Doch ist es sehr unwahrscheinlich, dass dieser gelehrte Arzt der Verfasser eines so armseligen Epigramms (es war dem damaligen Stadtvogt Sebastian Herbst gewidmet) gewesen ist. Schon »Oenolithus« deutet auf einen angenommenen Namen, auf ein obscures »lebendig weingrünes Fass.«

24 l. c. Fol. 22. Fac. 2.

25 Sie ist der Anfang des Poëms.

26 Der »Schwarzwald« war *vor* der Zeit der Römerherrschaft *mit* im hercynischen Walde (Ορκυνια des Eratosthenes, Hercynii saltus des Livius und zum Theil des Tacitus, Hercynia sylva des Caesar und Strabo) einbegriffen. Dieser selbst umfasste (*Jaumann*, l. c. S. 93) »ausser dem Schwarzwalde, die Wälder auf der Alb bis hinab zum Härtsfeld, dehnte sich den Rhein, den Main und die Lahn abwärts über den Westerwald, aufwärts durch den Odenwald, den Spessart und den Thüringer Wald aus und zog sich durch den Steigerwald zwischen Würzburg und Bamberg durch die Oberpfalz an den Böhmerwald bis hinab nach Pannonien.« Besonders unterschieden tritt er erstmals bei Tacitus unter dem Namen »Abnoba« auf und behält diese Bezeichnung auch fast während der ganzen Zeit wirklicher *Römerherrschaft*. Die Philologen haben zwar (wohl aus dem Umstande, dass Tacitus auf der Mons Abnoba die Donau entspringen lässt, und besonders nachdem man anno 1778 unweit Haslach im Kin-

zinger Thale einen der Diana Abnoba geweihten Altarstein [von 193 n. Chr.] aufgedeckt hatte) gefolgert, dass die Abnoba (s. *Georges* lateinisch-deutsches Lexicon. 11. Aufl. Leipzig 1855) nur derjenige Theil des Schwarzwaldes sei, auf welchem die Donau entspringe. Allein diese Ansicht ist entschieden für antiquirt zu erklären, nachdem man jetzt (s. *Pflüger*, l. c. S. 24) Denksteine mit dieser Aufschrift an den verschiedensten Schwarzwaldplätzen (z. B. zu Müllenbach Deanae Abnobae, Röthenbach Abnobae; Hagenschiess . . . nohe . . .; Mühlburg Deae Abnobae) aufgefunden hat. — Die Bezeichnung »Marciana sylva« (Markwald, wie Markomannen) findet sich erst zu Ende der Römerherrschaft bei Ammianus Marcellinus, einem Geschichtschreiber des 4. Jahrhunderts, von wo sie auf die berühmte *Peutinger*'sche Tafel überging.

[27] l. c. S. 3.

[28] l. c. S. 9.

[29] Dieser Ofen ist bei dem in den vierziger Jahren erfolgten Neubau des Bades entfernt worden und dermalen nirgend mehr zu finden.

[30] Dieses Epigramm ist offenbar eine versificirte Wiedergabe Dessen, was *Widmann* (l. c. S. 3) sechzehn Jahre früher mit den Worten ausdrückte: »Aristoteles (in fine 24 particulae problem.) vocat aquas seu balnea Thermarum sacra: tanquam a superis ad singularem hominum utilitatem data sint« (deutsch: Aristoteles nennt [am Ende der 24 Partikel seiner Probleme] die Thermal-Wasser oder Bäder heilig, gleichsam als seien sie von den Göttern zum besonderen Nutzen der Menschen gegeben.) — Die Bezeichnungen Sacra balnea und Sanctae aquae hat übrigens nicht die Commentatoren allein, sondern auch die Balneologen des 15. und 16. Jahrhunderts ganz sonderlich beschäftigt. So widmet ihnen z. B. Baccius zwei Folioseiten.

[31] l. c. S. 22, b.

[32] l. c. S. 43.

[33] l. e. S. 8

[34] l. c. S. 32.

[35] l. c. Cap. VI.

[36] l. c. S. 81.

[37] l. c. S. 12.

[38] l c. Fol. 22. Fac. 2

[39] l. c. Fol. 60. Fac. 2.

[40] l c. S 365.

[41] l. c. S. 16.

[42] Juntina, Fol. 297. Fac. 2.

[43] l. c. S. 54.

[44] Wahrhaft erquickend war mir, wie ich, bei meiner Umschau in der Literatur am Jahre 1822 angekommen, endlich bei *Wetzler* (l. c. Theil I. Vorrede, S. VIII) Folgendes las: »Zu den Bädern in Schwaben kommt noch das Wildbad im Königreich Württemberg. Ich wollte es von Baden aus besuchen, und war schon auf dem Wege dahin; allein ein Zufall machte uns das Pferd erlahmen, und ich musste umkehren. Ich habe

es nun also zwar nicht geschen, aber ich habe seit Jahren Kranke dahin geschickt, in deren Nachrichten ich Vertrauen setzen darf. Auch gehört das Wildbad zu den höchst seltenen Bädern, wo man unmittelbar in dem aus der Erde hervorquellenden Wasser badet, und die Temperatur von diesem der menschlichen Blutwärme zunächst kommt. Ich habe es daher nicht übergehen wollen, zumal da in den neuesten Brunnenschriften — in denen von *Hufeland* und *Zwierlein* — nichts davon vorkommt.«

[45] S. 86.

[46] Dieses Bad bei Giengen — ein »Wildbad« aus jener Zeit vergangener Jahrhunderte, wo gerne jede Stadt wenn irgend möglich mit einem eigenen Mineralbade prangte — gehört zu den Akratokrenen (deutsch: »Süsse Wasser von gewöhnlicher Temperatur«).

[47] Nach Herrn Director *Doell* ist über den ursprünglichen Fundort des Steins Nichts bekannt; schon in den dreissiger Jahren des 16. Jahrhunderts sei er von dem Correspondenten Apian's copirt worden. *Herold* (l. c. cap. 6) hat ihn 1555 »in fornice templi« (im Glockenthurm der Stadtkirche) gesehen. Eben daselbst — links beim Eingang in die Kirche gibt ihn Joh. Matth. Hessus (lat. Ausgabe S. 3, und deutsch S. 2) an. Dort blieb er (nach Klüber l. c. S. 191) bis zum Jahre 1804, wo er in die damals eben erbaut gewesene »Antiquitätenhalle« überpflanzt wurde. — In Karlsruhe ist er seit 1859.

[49] *Beroaldus* sagt (l. c. S. 111, b) von Baden-Baden: »ubi thermae sunt salutares, ubi scriptio vetustissima litteris jam senio exolescentibus indicio est, Antonium rhomanum imperatorem illius vrbis conditorem extitisse« d. i. »daselbst sind heilsame Thermen und eine sehr alte Inschrift mit alterthümlichen fast verwischten Buchstaben, wonach der römische Kaiser Antonius der Gründer jener Stadt gewesen ist«

[49] So schreibt z. B. *Münster* (deutsche Ausgabe der Cosmographey von 1554 S. 809): »wie etliche schreiben, die auss der Marggraveschafft bürtig sind, hat man in einem alten stein geschriben funden, das der Kayser Antonius nach der geburt Christi 126 diese [Statt] gebawen hat, nachdem man das heiss wasser da hat gefunden.«

[50] *Lange* erzählt im Eingange des 82. Briefes (der übrigens sonst von der richtigen Einrichtungsmethode der Luxationen handelt), dass er von Heidelberg nach den Thermen von Baden-Baden gereist sei, »quas olim Marcus Aurelius Antoninus condidit« d. h. welche einst Marcus Aurelius Antoninus gegründet hat.«

[51] Mattiacus vom deutschen »Matte« = »Wiese«; »fontes Mattiaci« wörtlich: »die mattiacischen *Quellen*«, und »aquae mattiacae«, »die mattiacischen *Wasser*.« Dem entsprechend »fontes Martiaci« und »Aquae martiacae« die »martiacischen Quellen« bezw. »Wasser«.

[52] Siehe Anmerkung 26.

[53] *a Clivolo* sagt von unseren Thermen: »quae a Nartiana silva, quam Glareamus Hartianam vocat (sic autem Romani superiorem partem Hercynii nemoris appellant) Germanice Schwartzwald oder wilabad, hoc

est, ferinae nominantur«; deutsch: »welche vom Marcianischen Walde, den Glareamus den hartianischen heisst (so nemlich bezeichnen die Römer den oberen Theil des hercynischen Waldes) im Deutschen das »Schwarzwaldbad« oder »Wildbad« d. i. »Bad des Wildes« genannt werden.«

[54] In annal. Suev. Tom. I. p. 91. — Mosers Uebersetzung Bd. II. S. 81.

[55] l. c. S. 67. *Kerner* referirt übrigens nur nach *Crusius*. Die *Herold*-sche Schrift hat er ebensowenig gelesen, als alle späteren, die nach Crusius diesen Punkt berührt haben.

[56] l. c. S. 66.

[57] Das »Huberbad« oder »Hub-bad«, wie es heute genannt wird, liegt unterhalb Windeck, vier Stunden südlich von Baden, hat eine in-differente Therme von 23° R. und seit Jahren eine Kaltwasserheilanstalt.

[58] l. c. S. 19. Ausserdem an mehreren Stellen so: Vorrede S. 4, dann S. 23, 32 u. a.

[59] l c. Vorrede S. 3 und S. 65.

[60] »Würtembergisch Wunder und Wildbaads-Beschreibung.«

[61] Worte aus der »Eingangs-Rede« des Dichters.

[62] l. c. S. 7.

[63] l. c. »Eingangs-Rede« S. 2.

[64] *Kerner*, l. c. S. 34.

[65] l. c. S. 291.

[66] l. c. S. 100.

[67] Kerner (l. c. S. 67) sagt: »Zu *Wildberg* fand man einen Altar der Diana, der beweisen *möchte*, dass die Römer in diesen Gebirgen des Schwarzwaldes jagten und so vielleicht auch auf die Quellen des Schwarz-waldes stiessen. Wie lange schon diese *Gegend* bewohnt wurde, zeigt auch das Bild des deutschen Gottes *Thor*, das vor Zeiten noch in *Wild-berg* sich befand.«

[68] Die Darstellung ist den Angaben entnommen, welche Finanzrath *Paulus* (l. c. S. 95 f.) anno 1860 gemacht hat.

[69] Bildhauer *Heindel* in Berlin verfertigte aus Dankbarkeit gegen Wild-bads Quellen, an denen er Genesung fand, ein kunstreiches Modell zu einem, Greiners Flucht aus dem Wildbade darstellenden, Relief. — Die Badverwaltung liess letzteres in der Fabrik von Ernst Mach zu Berlin in Terra cotta ausführen. Und so ist denn dasselbe seit 1859 als eine Zierde des Bades über dem »Eberhardsbrunnen« (siehe *Renz's* »Cur zu Wildbad« S. 41) angebracht. — Die Titel-Vignette ist nach einer Photo-graphie des Reliefs ausgeführt.

[70] *Crusius*, l. c. Pars III. S. 277. Ausserdem ist *Pfister* (l. c. 2. Thl. 2. Bd. Fortsetzung S. 112 und 299) zu vergleichen, der hiefür eine hand-schriftliche wirtemb. Chronik anführt.

[71] Siehe Anmerkung 3.

[72] *Crusius*, l. c. Pars III. S. 81.

[73] *v. Stälin* in »Oberamt Neuenbürg« S. 263.

[74] Die älteste Nachricht datirt aus dem Jahre 1489, wo der uns

schon bekannte Strassburger Kanoniker *Schott* (l. c. S. 83) den uns gleichfalls bekannten Prof. Dr. *Widmann* (gen. Mechinger) in einem Briefe um Zimmerbestellungen beim Gastwirth zum St. Christoph angeht. Es scheint, dass letzterer ausser seinem Hôtel noch eigene Logirhäuser besass: wenigstens wünscht *Schott*, der Christophwirth möchte ihn in seinem Nebenhause — zum »Mond« genannt — einlogiren.

[75] *v. Hochfelden* hat am Schluss seines Werkes eine Tafel, welche »die Siegel der Grafen von Eberstein« in chronologischer Reihenfolge wiedergibt.

[76] Vergl. *v. Stälin* in »Wirtemb. Geschichte« Bd. 3, S. 300 Anmerkung 8 und S. 362 Anmerkung 3.

[77] *Sattler*, Geschichte der Graven. Erste Fortsetzung. Beil. Nr. 138 S. 162.

[78] v. Stälin l. c. Bd. 3 S. 300 f. erzählt den Vorgang folgendermassen: »Ohne Argwohn befand sich im Frühjahr 1367 Graf Eberhard mit seiner Gattin und seinem Sohn Ulrich, dessen Gemahlin und Kinde gerade im Wildbad, seiner Gesundheit zu pflegen, als von ihrem angrenzenden Gebiete her die Grafen von Eberstein, Wolf von Wunnenstein und manche Glieder der Gesellschaft, welche sich Martinsvögel nannte, ihn, ohne vorher einen Absagebrief zu schicken, überfielen. Auf solche Weise überrascht, hätten Graf Eberhard und sein Sohn sich gefangen geben müssen, wären sie nicht von einem Bauern noch so zeitig gewarnt worden, dass sie bei Nacht über den steilen Gebirgsrücken hin in die drei Stunden entfernte Burg Zavelstein flüchten konnten.« — Eine andere Lesart ist die *v. Stälin* (S. 301 Anm. 1) gleichfalls gegebene, wonach eine alte wirtembergische Chronik sagt: »do halff ym ein Baur in der Nacht yber die Berg *allein* darvon.«

[79] Schon *Kerner* lässt in längerer Anmerkung (l. c. S. 71) »einen verdienstvollen Geschichtschreiber unseres Vaterlandes« nachweisen, dass die Crusius'sche Denkmünze nichts Besonderes, sondern nur ein Heller gewesen sei. Der Name »Heller,« noch früher „*Haller*“ (siehe z. B. die Urkunden-Auszüge in diesem Briefe) kommt von Schwäbisch Hall, wo derlei Münzen am häufigsten geprägt wurden.

[80] l. c. S. 18. Dieser Populärhistoriker ist nicht, wie diess von Kurgästen so gerne geschieht, mit *Wilhelm Griesinger* (früher Kliniker in Tübingen und damals auch mein Lehrer) zu verwechseln, welchen — er war nunmehr Professor der Psychiatrie und der Nervenkrankheiten in Berlin — im Jahre 1868 der Tod zu früh sowohl für die Menschheit als für die Wissenschaft dahin raffte.

[81] l. c. S. 2 f.

[82] Diese von Gesner dem Hirsauer Chroniker Trithemius († 1516 als Abt zu St. Jakob in Würzburg) entnommenen Data sind dahin zu berichtigen, dass die Gründung von 645 ganz mythisch und nur die vom Jahre 830 historisch ist. Vergl. *v. Stälin* in »Oberamtsbeschreibung von Calw,« S. 236.

[83] Dem Calwer Grafenhause entstammten nämlich noch die *Grafen von Vaihingen*, welche um 1360 in männlicher Linie erloschen, und die *Grafen von Löwenstein*, deren Stamm gegen das Ende des 13. Jahrhunderts ausstarb.

⁸⁴ v. *Stälin*, Wirtemb. Geschichte. Thl. 2 S. 367.

⁸⁵ Der kurze Kaufbrief befindet sich im Original im Staatsarchive aufbewahrt. Ein Kaufschilling ist darin nicht genannt.

⁸⁶ v. *Hochfelden*, l. c. S. 40.

⁸⁷ v. *Stälin*, Oberamt Calw. S. 372.

⁸⁸ Fol. 500. Eine Urkunde darüber ist jedoch nicht bekannt.

⁸⁹ Ich gebe den Wortlaut dieser und der nächsten Urkunde aus *Schmidt*, l. c. Urkundenbuch. S. 145 f.

⁹⁰ Bezüglich dieses *Zavelsteins* sei (was — wegen der Flucht der »Greiner« Familie gerade dahin — nicht uninteressant sein dürfte) erwähnt, dass es schon im nächsten Jahre nach Wilhelms (1346 erfolgten) Ableben vertragsmässig an die Grafen von Württemberg zurückgefallen war. Später aber, nachdem die Grafen von W. von Wilhelms Bruder, Göz, Burg und Stadt Böblingen (1358) gekauft hatten und solches nicht vollständig bezahlen konnten, verpfändeten sie ihm (1360) Burg und Stadt *Zavelstein* um 2000 Heller. Anno 1365 ward auch Böblingen vollständig ausgelöst. Graf Eberhard aber — inzwischen Allein-Regent geworden — überliess dem im Lande seiner Ahnen nunmehr so zu sagen heimathlos gewordenen Göz aus freien Stücken die Burg *Zavelstein* und die Stadt *Sindelfingen* mit Zugehör und Einkünften auf Lebenslang als Leihgeding. Göz starb erst um 1369. Und so hat es sich denn wohl gefügt, dass Göz die flüchtige Grafenfamilie in dem nämlichen Asyle beherbergen durfte, das ihm zum Beschliessen seiner Tage zwei Jahre zuvor Eberhards Edelsinn überlassen hatte. — Nähere Nachweise s. bei Schmidt, l. c. S. 381 ff.

⁹¹ l. c. 2. Thl. S. 706.

⁹² Topographische Geschichte Württembergs. S. 204.

⁹³ l. c. S. 92 ff.

⁹⁴ *Kausler* beruft sich hiebei auf Worte Kerners (S. 67), wonach man einst mit dem Namen Wildbad alle Bäder belegt habe, die ihre Wärme oder ihre Kraft von der Natur empfangen, oder wo man in der Quelle selbst badete. Vergl. hiezu *Conr. Gesner's* Worte, die wir am Schlusse des ersten Briefes angeführt haben.

⁹⁵ »Oberamt Calw.« S. 349.

⁹⁶ l. c. S. 93 f. und 132.

⁹⁷ »Oberamt Neuenbürg.« S. 90 und 259.

⁹⁸ Er hat es (v. *Stälin* in »Oberamt Neuenbürg,« S. 260) auch nicht zugeben wollen, sondern, als die Wildbader, der Gewalt weichend, am 1. November 1519 Franzen von Sickingen gehuldigt hatten, befahlen die Bundesräthe, dass Wildbad dem Bunde huldigen solle. Franz von Sickingen wusste diess allerdings zu verhindern, so dass er bis zu seinem Tode (1523) der Herr über Wildbad blieb.

⁹⁹ Das »Königreich Württemberg.« S. 37 f.

¹⁰⁰ ebend. S. 38.

¹⁰¹ *Rens*, l. c. S. 5 ff.

Beigaben.

I.

Das „Militär-Freibad in Wildbad" betreffend.

Das königl. württembergische Finanz-Ministerium hat unter dem 29. Dec. 1870 genehmigt. dass das für verwundete und kranke Militärs schon seit dem 8. Sept. v. J. bestehende Freibad in folgender Weise erweitert werde.

A. Für Officiere

werden vom 1. Jan. 1871 ab Freibäder in den Bassins des grossen Badgebäudes abgegeben. Württembergische und französische Officiere haben ihre Gesuche bei dem königl. württembergischen Kriegs-Ministerium einzureichen. Nichtwürttembergische deutsche Officiere aber wollen sich vor Antritt der Kur bei dem königl. Badearzte. Geheimen Hofrathe Dr. Renz zu Wildbad. der mit der Ertheilung des Freibades beauftragt ist, melden.

B. Für Unterofficiere und Soldaten

ist die Einrichtung getroffen, dass sie ausser dem Freibade — bis zum 1. April im alten, von da ab auch im neuen Katharinenstifte — freies Unterkommen (bestehend in Wohnung, ärztlicher Behandlung, Pflege, Feuerungs-, Wasch- und Licht-Freiheit) erhalten können. Für Kostreichung ist gesorgt.

Um nun die Kosten der Verköstigung sowohl, als

die etwaigen Apothekeauslagen zu decken, haben sich das königl. württembergische Kriegs-Ministerium und der „württembergische Sanitätsverein“ dahin vereinbart. dass ersteres die Kosten für die württembergischen und französischen, letzterer dieselben für die übrigen deutschen Unterofficiere und Soldaten übernimmt. Vorderhand (d. h. bis die eigentliche Sommersaison beginnt. Rz.) können jedoch nur folgende Kategorieen badbedürftiger Unterofficiere und Soldaten Berücksichtigung finden:

A. Auf Rechnung der Kriegskasse:
1. die Württemberger,
2. solche französische Soldaten, die als Kriegsgefangene in württembergischen Spitälern sich befinden.

B. Auf Rechnung der Vereinskasse:
Alle übrigen deutschen Soldaten, die in württembergischen Vereins- oder Militärspitälern in Behandlung sind.

Sollte sich später herausstellen, dass auch Platz für weitere nichtwürttembergische Soldaten, als wie sie sub B. bezeichnet sind. vorhanden ist, so wird dies seiner Zeit bekannt gemacht werden.

Die zur Kategorie A (1 und 2) gehörigen Badbedürftigen haben ihre Gesuche auf dem vorschriftsmässigen Wege bei dem königl. Kriegs-Ministerium einzureichen. Bezüglich der zu Kategorie B. gehörigen Unterofficiere und Soldaten aber ist die Bestimmung getroffen, dass die Herren Vorstände der Vereins- und Militärspitäler die Gesuche (bestehend in einer Nationalliste des Bittstellers und einem ärztlichen Zeugnisse des ordinirenden Arztes) direkt an den „königl. Badearzt zu Wildbad“ unter der Bezeichnung „D. S.“ (Dienstsache) einzuschicken haben. Letzterer wird den Herrn Spitalvorständen den Eintrittstermin der Bittsteller schriftlich mittheilen.

II.

Die Heilanzeigen Wildbads in Rücksicht auf die Bedürfnisse der Kriegsheilkunde.

I. Folgezusände von traumatischen Erkrankungen.

A. Allgemeine Störungen.

1. Allgemeine Schwäche in Folge starker Blutverluste oder langwieriger Eiterungen.

B. Lokalstörungen.

a) Ohne oder mit schon geheilter äusserer Verwundung.

2. Zurückgebliebene Ausschwitzungen nach Wundrothlauf. Zellgewebs-. Gefäss- und Nerveneutzündungen.
3. Funktionsstörungen, bedingt durch einfache oder complicirte Hautnarben (Schmerzen in Narben. Bewegungsstörungen beziehungsweise Contracturen in Folge von Narbenverschmelzungen mit Muskeln, Sehnen. Knochen, Gelenksbändern).
4. Bewegungsstörungen in Folge von Muskelverletzungen.
5. Folgen von Knochen- und Gelenksverletzungen (subperiostale Ablagerungen. Anomalieen der Callusbildung, wie übermässige Calluswucherung, Callusdruck auf Nerven und Gefässe u. s. f.); chronische traumatische Entzündungen einzelner Gelenke.
6. Traumatische Lähmungen, Krämpfe, Neuralgieen und Anaesthesieen, central oder peripher bedingt.

b) Offene Wunden.

7. Indolente Geschwüre nach Streif- oder Prellschüssen, Erfrierungen, Verbrennungen, schwer heilender Decubitus nach Verletzungen des Rückenmarks u. s. f.

8. Fistulöse Geschwüre durch Fremdkörper, nicht angeheilte oder in der Abstossung begriffene Knochensplitter sowie durch traumatische Caries unterhalten.

9. Schwer heilende Operationswunden, sowie Narbenanomalieen im Gefolge derselben.

II. Nichttraumatische Erkrankungen und ihre Folgezustände.

A. Allgemeine Störungen.

1. Erschöpfung der Kräfte durch Strapazen.
2. Erschwerte Reconvalescenz nach inneren Erkrankungen (Typhus, Ruhr, Entzündungen innerer Organe u. s. f.).
3. Protrahirte Fälle von verbreitetem Gelenksrheumatismus.

B. Lokalstörungen.

4. Zurückgebliebene Exsudate nach Entzündungen innerer Organe.
5. Chronisch-rheumatische Entzündungen einzelner Gelenke, Muskeln, Sehnen u. s. f.
6. Rheumatische Lähmungen und Neuralgieen centralen oder peripheren Ursprungs.
7. Paresen, Lähmungen, Krämpfe, Neuralgieen und Anaesthesieen nach inneren Erkrankungen (Typhus, Ruhr u. s. f.).

Es bedarf wohl kaum der Erwähnung, dass in Fällen, wo orthopädische, elektrische oder sonstige Lokalbehandlung die Thermotherapie zu unterstützen geeignet ist, solche jeder Zeit in Anwendung gezogen wird.